原田眞理 著
HARADA Mari

子どものこころ

教室や子育てに役立つ
カウンセリングの考え方

ナカニシヤ出版

はじめに

最近「理解」「共感」「受容」「カウンセリングマインド」などの言葉が日常生活でも使われ、とくに教育の世界で強調されている。昔から、人を理解したり、共感することはあったはずだ。それなのになぜ今強調されるのか。

今まで教員は、「生徒指導」という言葉に代表されるように、学習面および生活面において児童生徒を指導してきた。そこでは専門職としての教員が強調されてきていた。勉強を教え、道理を諭す、教え導く教員である。しかし、最近は、いじめ、不登校、学級崩壊などの学校内の問題の増加、特別支援教育に代表される発達障害の子どもの教育指導という分野の加わり、さらには未熟な子どもや保護者の増加、その逆に保護者の高学歴化、教師の権力の低下などのさまざまな要因により、従来の「指導」だけでは通用しない状況になっている。現在教員に求められるものは、従来の専門職としての教員であるための能力だけでなく、周囲とのコミュニケーションや連携、協力体制のとれる能力が必要とされている。たとえば、発達障害や病気を抱える子どもの場合には、スクールカウンセラーをはじめ、医療機関との積極的な連携が必要な場合もある。いじめなどの学校内の問題の場合には、学校全体として連携して対応していく必要がある。それらを円滑に行なえるかどうか、学校が円滑に行なえるような環境を提供しているかどうかが、現在は教員および学校組織に必要とされている能力なのである。

もはや、金八先生のようなキャラクターでは通用しない場合が多くなってきているのが現状である。そして、子どもも複雑化しており、リストカットする子どもに「リストカットするな」と言ってもやめる訳もなく、複雑化している親に向かって「家庭のしつけが悪い」などと言ったときには教員の方の進退が危ぶまれることさえあるのが現状である。

ならば、もっと皆がストレスを感じないで、そして子どもたちの成長に寄与するような教育を考えていくにはどうしたらよいかというと、やはり「信頼関係」が必要になってくる。子どもならびに保護者と「信頼関係を築いていく」ためには、お互いの「理解」が必要になる。ここには臨床心理学的な視点が必要になってくるように思える。すなわち、リストカットのように表面に現われた行動だけを見るのではなく、その背景にあるこころ、リストカットしてしまうのはなぜだろうか、とこころを理解していく視点である。この視点は、教育の世界だけでなく、子育てにも、社会生活場面でも、コミュニケーションがあるところすべてに共通している視点であり、方法である。

もともと私は自分や人のこころを考えるのが好きだった。精神分析の本を読んだり、夢分析の本を読んだりしては、一人であれこれこころを巡らせていた。私自身は小学校時代に担任の先生の不始末が招いたいじめによっての不登校経験者であり、学校には否定的な考えを持っていた。その人の成長に役に立つならば学校に行けばよいし、役に立たないならば行かなければいいとさえ考えていた。教育関係の仕事につくまでは、病院で二十年以上臨床の仕事をしており、毎日毎日、患者さんのことを考えていた時代もあったし、患者さんや家族とともに苦しくなったり、むなしくなったり、喜びをかみしめたりしていた。とはいえ、現在このように教育学部に身を置いているということは、おそらく小学校五、六年の時の担任の先生との出会いが大きく影響していると感じている。すなわち、その先生と出会ったので、学校にも行き始めた訳であるし、学校も捨てたものではないと思ったのであろう。

一方、教育というものに強い興味を抱き始めたのは、上の子どもが小学校に入学してからである。お恥ずかしながら、初等教育というものをそのとき初めて深く知った。そして、一人の母親として、担任の先生と個人面談で話す機会には、「こんな数か月でどうしてこの先生はうちの子をこんなによくわかってくださったのだろう」と思う先生と出会ったり、「うちの子にはおそらくこういう言い分があってこのような行動をしたはずなのに、なぜこの先生はわかってないのだ」と失望したりするなどの体験をした。さらに、帰宅した子どもが「今日先生がよく頑張ってるって褒めてくれたよ」とうれしそうに矢継ぎ早に話す表情や、「やんなっちゃうよ、ほんとは違うのに私が悪いって先生が言うんだよ」と暗い表情で話すのを見ていて、なんとも先生の影響力の大きさを実感したのである。学校で過ごす時間は学年が進むにつれ、どんどん長くなる。つまり極端に言うと、子どもの一年間が幸福で充実した時間となるか不幸な時間となるかは、かなりのところどの先生が担任になるかによるのではないか、とさえ思うようになった。

そして、だいたいの母親は、自分の子どもの欠点は見落としがちでもあるが、母親というものは、わが子と物理的に離れていて、学校の中が見えない分不安である。学校が楽しいかどうか、教員からわが子がよりよく理解されているかどうか、誤解されていないかどうか、またはいじめられたり、友達から嫌な思いをさせられていることに気づき力を貸してもらえるかどうか、とても心配なのである。それと同時に、母親同士のつきあいの難しさや面倒くささも体験するようになった。信頼できる母親同士ではむしろ情報交換や支え合うこともできるが、なんだか知らないうちに母親たちのごたごたに巻き込まれることもあるのだ。私自身が、「そんなこと私はしていません」とか「そんなこと聞いたこともありません」と言いたくなるような事態を体験もした。事実を言い過ぎれば再び悪口を言われるだけだし、かといって、何も言わなければ悪者にされてしまうし……。専門家だからこそずいぶん悩んでしまうものである。保護者の中には、物の道理の通らない偏った考え方を持つ人も多く、これでは教員の苦労も尽きないだろうと思ってしまうこともある。

さらに、病院を受診する子どもやご両親の話を聴いていると、ずいぶん先生や学校には差があるように思えた。表面的なことで決めつけられたり、いじめがあっても気づかなかったり、気づかないフリをしたり……。昔のような金八先生タイプの先生は少なく、しかし、先生が悪いというよりも子どもも親も複雑化しており、一人の教員では対処しきれない事態も多いようだ。そして近年では、教員自体の受診率が増加し、先生の苦悩も聞こえ始めてきた。私の中では、これは担任の当たり外れ、などという個人的な水準の問題ではなく、根本的に解決しないとならない問題なのだなと考えるようになった。

そこで教職課程の教科書や文部科学省のホームページなどを読んでみた。すると最近の教育関係の教科書や参考文献には、「幼児・児童・生徒の理解が必要である」とか、「そのためにはカウンセリングマインドに基づいた授業や態度が必要である」、「共感的理解、受容、傾聴することが大切である」、などとたくさん書かれている。一方子育ての本にも、「親は子どものこころや気持ちを理解することが大切だ」などと書いてある。

それはそうだけれど、理解しろというだけでは不足である。理解したいが、うまくできないから困っているのである。何年も前であるが、匿名の自殺予告の手紙がある大臣宛に送付されたらしい。すると、一枚のファックスがその地域の学校宛に送られてきた。そこには「自殺しないように指導してください」というようなことが数行書かれて署名だけが光っていた。なんともむなしい気持ちであった。それと同時に、人の命をなんだと思っているのだという怒りも覚えた。形だけを整えたり、マニュアルを作ってみたり、言葉だけを並べたところで私にはエネルギーの無駄遣いに思える。もっと肯定的で生産的なエネルギーの使い方を考えていきたい。そのためには、現在のさまざまなマニュアル的アプローチ（たとえば、いじめをみつけたら、被害者、加害者双方から話を聴く、不登校の子どもは家庭訪問をするなど）は不十分であるため、視点を変えなければならない。すなわち、一人ひとりが違うように、いじめや不登校などの問題もケースバイケースである。事態への理解なく、一般的な解決法を選ぶことは、本来不可能なはずである。冷静に全体を見渡し、表面に現われている行動だけでなく、なぜこんなことが起きているのかと背景を考えながら、事態に対する理解を深めていくと、自ずと良い解決法が見えてくるものである。そして、微力であるが、できうるならば、子ども、保護者に少しでも役に立ち、さらには教員自身が楽しんで教育できるようになるためには何が必要かということを、従来の教育だけでなく、臨床心理学的な視点から読者の皆さんと一緒に考えていきたいと思う。そして、そこには、一人の母親としての思いが大きくあると感じている。私の子どもたちの人生を考えて、子どもたちとともに、私自身もこの先生と出会えてよかったと思える先生に出会いたいと願っているのである。

また、この本にはいくつかの事例を掲載している。この本で論じることは、事例を通しての学習が一番理解しやすいし、実践に役立つためには、事例による学習が必要だからである。さらに巻末や節の末に課題を設けている。一人で本を読みながら学習をしたり、自分の考えをまとめるために役立つよう設けたものである。各テーマごとの学習のまとめとして利用してほしい。

本書に掲載した事例は私が実際に出会ったクライエントの方たちと私の想像をミックスして作り上げた事例である。とはいえ、私はこれまでに出会ったすべてのクライエントをとても大切に思っているので、最後に読者の皆さんへのお願いを記しておきたい。

私は授業でも事例を用いるが、一回目の授業で、学生に事例を提供することの意味を伝えている。そして事例を話している際に寝ている学生は起こして退室してもらっている。学生の実践に役に立つから事例を使わせてもらっているのであり、寝るなど事例に対してたいへん失礼であり、私は許せない気持ちになるからだ。興味がないなら退室してくれた方が良い。ともすると、こころの問題の絡んだ事例はワイドショーや三面記事的に面白く思えたり、興味だけをそそったりしがちである。しかし、これらの事例は皆さんが学ぶために提供されており、その事例一例一例には、悲しみや苦しみ、辛さ、耐え難い思いなどのこころの叫びがあったことを読者の皆さんにも忘れないで読んでいただきたいのである。

小学校時代にずっといじめを受け、存在を否定されるような言葉をかけ続けられていた女の子が、中学生になって初めて人に語ることができた夢がある。

「学校でね、うざいから消えろと言われたけど、手打ち野球に入れてもらいたいから球拾いをしていたら、お前は手打ち野球に入っていないのだから二度とボールにさわるなって強く言われたり、振り向いたら汚いから振り向くなとか、お前が見たら、こっちの顔が腐ってしまうとか、林間学校でジンギスカンしたときに、この人は早くガンになって死にたいって言ってるから私たちは、焦げをたくさん入れてあげてるんですと言ってお味噌汁に焦げをたくさん入れられ、お肉をもらえなかったりもしたんだけど、そのあとに必ずみる夢があるんだ。教室で自分と思われる女の子が真ん中にいて、その周りを大勢の人が取り囲んでいて、自分もそれをみてるんだけど、その女の子は手で頭を抱えて耳をふさいでいて、私の存在を否定しないで!!って叫んでるの。私にはその子のこころの言葉が聞こえて、これ以上言われたら私壊れるって言ってる。そういう夢を毎回みたんだ」と涙を流しながら話してくれた。

読者の皆さんはこのエピソードをどう考えるだろう。この夢の話を聴いて、この女の子のこころの痛みがわかるだろうか。どんなに辛かったであろうか。そのときには苦しさが強すぎてこころを言葉にできずにいて、数年経ってやっと言葉にすることができたこの思いをどのように受け止めたら良いだろうか。

この夢は、自分に起きている事態があまりにも辛すぎて直接体験できないので傍観しているような図式であるが（これがひどくなると解離性人格障害などになることもある）、夢を見ることにより、彼女自身が自分が壊れないように見守っていたところもあるのだろう。私はこの女の子が自殺せずに存在し続けてくれたことにこころから敬意を表したい。

不幸にもこの女の子にリアルタイムにこのいじめが起きているときには、この女の子もその両親も相談していたにもかかわらず、学校は何も根本的な対処をしていなかった。むしろ、ずっと我慢したのちにキレてしまって暴言を吐いたこの女の子を注意していることすらあった。また、いじめの主犯的加害者である数名の児童の母親たちは、うちの子に限ってそんなことは言いません、などと言い切っていた。つまり、この女の子には、家族以外はすべての人が自分を理解せず、自分をいじめてくる人間であり、その人達に囲まれていたのである。

私が言えるのは、このような最悪と言える事態は現代ではよく起きているということである。そして、このような教員や加害者の母親には結局こころなど伝わらないのだ。しかし、あきらめてしまっては何も変わらない。

現職教員または教員志望の読者の方々には、この女の子のような児童の力になってくれる先生が一人でも増えてほしいと思う。被害者の母親、または父親である読者の方々には、この女の子を救えるのは、親しかいないから、頑張って学校に働きかけて、子どもを守ってほしいと応援したい。そして女の子本人には、勇気を出して話してくれてありがとうと伝えたいし、これからもいつでも話してほしいと伝えたい。

親の持つ子どもを守る力について補足するために、アメリカの高校生の例を挙げてみよう。二〇〇九年五月から三人が次々とカルトレインという電車に飛び込んで自殺した。二名は同じ高校の生徒だった。四人目の男の子は、自宅からいなくなったことを不審に思った母親がもしかしたらとカルトレインの線路沿いを探していると、線路にいるわが子を見つけ、運転手も騒ぎに気づき、電車を止め、危機一髪で助けることができた。八月にはまた別の十三歳の女の子が自殺した。子どもは連鎖的に自殺することもある。気づいても見つけ出せるかどうかはわからないが、この男の子のように、危機一髪で助けることも可能だ。

十人と理解しあえなくても、一人理解しあえる人と出会えると、人生は変わるものである。その出会いは、辛すぎて、自殺しか考えられない子どもの生きる力となることができるかもしれない。真の理解に近づけるよう、少しでも子どもも大人も「楽になる」ことができるようにこの本を書こうと思う。

子どものこころ

――教室や子育てに役立つカウンセリングの考え方――

＊目次

＊

子どものこころ

——教室や子育てに役立つカウンセリングの考え方——

序　章　なぜこんなに揺れるのか

——最近の教育事情——

この本では、教育関係で必ず学習する用語、たとえば、共感、受容、傾聴、カウンセリングマインドなどを実践的に理解していくことを目的としている。いくら学問的な知識を持ったところで、実践ではなかなか役に立たないのがカウンセリングや教育相談である。

とはいえ、なぜ今カウンセリングマインドを持つ教員が必要とされているのだろうか。なぜ共感や傾聴など、カウンセリングの基礎を教職課程で学ぶことを文部科学省が義務化しているのだろうか。その背景を本題に入る前に考えておこう。

（1） 現代の教育現場

①学校内の問題の多発化

学校内の問題（いじめ、不登校、学級崩壊、暴力行為、保護者とのトラブルなど）が多発していることが挙げられる。これらの問題の解決は難しく、教員一人で解決できるような単純な問題ではなくなっている。教員同士の連携、保護者、地域との連携が求められ、そこにはコミュニケーション能力が必要となってくるのである。

ではなぜ学校内の問題が多発するようになったのだろうか。そして、それに伴って教員の休職率が非常に高まっているが、それらの背景には何があるのだろうか。

その理由は、「さまざまなこと」が絡み合った社会的な変化というのが妥当だろう。それではその「さまざまなこと」を見ていこう。

②発達障害などの障害を持つ児童生徒への指導および配慮

特別支援教育制度ができてから、現場の教員にとって発達障害の児童生徒への教育という分野が増えた。そして、軽度の発達障害の児童生徒は、通常学級に在籍するため、授業中歩き回ったり、周りの子どもたちにちょっかいを出したりする。すなわち、学級運営の中に、発達障害の児童生徒への対応も含まれるようになった。また、私が教育相談で耳にすることが多いのは、どう見ても発達障害と思われるのに、受診を勧めても親が連れて行かないがどうしたらよいか、という相談である。発達障害の子どもたちの保護者との連携をしていくうえでは、障害を持つ子どもを持つ親の心理も理解していることが望ましい。

しかしシステムだけが先にできてしまったので、負担は実際に指導している現場の教員にいくことになる。発達障害の勉強をし、指導法を学び、さらに学級で実際に対応していくのは、かなりの超過勤務となり、精神的肉体的に負担である。このような状態では、良い学級運営をすることはなかなか難しい。

③保護者の要求の肥大化

現代の保護者は、権利主義的であり、学級崩壊や問題が起きれば、すぐに校長などの管理職、教育委員会に訴えてくる。さらに、求める教育もさまざまとなっている。そして、保護者会では、教員批判も遠慮なくなされる。

④校務、業務、研修などの過重負担

保護者からのクレームが多くなればなるほど、教員の質を問われることが多くなる。教員の質を高めるために、教科指導、授業研究、生徒指導などの研修が課される。通常の授業を行ない、学級運営、学習指導、児童生徒のこころのケアをしながら、研修を受けるとなると、帰宅は夜遅くなり、土日も学校に来る教員が多い。

⑤教員の権威の低下

昔は「先生」は偉く、「先生」の話は聞くものだった。だからこそ、一学級七十名などという時代でも授業が成立したのである。ところが、今や「先生」は偉くない。現代は、子どもも親も先生の言うことをきかなくなっているのである。ここにもいくつかの背景がある。

一つは父母の高学歴化である。学歴職業的に先生を馬鹿にしている父母が増加している。または自身が弁護士で、「そういうことをおっしゃるのなら裁判を起こしますよ」と脅しともとれるような発言を親がしてくる。区によっては、教育委員会専属の弁護士を雇っているところもある。そのくらい法的な問題が増加しているのである。

逆に、未熟な父母も増加している。ヤンママなどという言葉もあるが、若いうちに親になり、まだ自分が育ててもらわなくてはいけないような未熟な段階で子育てをすることになるが、当然うまくいかない。規律正しい生活を送ることや、子どもに善悪を教えることもままならないこともある。親もキレやすく、朝起きて学校に行くとか宿題をするなどという当たり前のことを当たり前と思わないので、揉め事が起きる。

参考までに対教師暴力の表を提示する（**表序－1**）。

⑥重構造

学校は、子どもたちを対象としているが、そこには子どもの数だけ保護者がいる。そして、同僚、

表序-1　学校内における対教師暴力

	学校総数	発生学校(%)	発生件数	被害教員数
小学校	22,258	2.0	1053	826
中学校	10,906	18.1	6414	5666
高　校	5,225	9.7	750	740

（出所）　文部科学省「平成21年度　児童生徒の問題行動等生徒指導上の諸問題に関する調査」より作成。

同学年担当の教員、学年ごとの教員、教頭、校長という構成員がいる。すなわち、学校内の教員組織には、縦、横にさまざまな対象との関係が存在する。さらに学校外の教育委員会、地域などとの関係もある。さまざまな層が存在して一つのコミュニティができあがっているということを重構造と呼ぶことがある。そのコミュニテイに属しているのが教員で、これらの人間関係の中で機能しなければならない。

⑦事なかれ主義人間の増加

教育委員会や下手をすれば裁判になると思うと、当然人間は保守的になる。自分の責任が発生しないように、深くかかわることをやめ、見て見ぬフリをすることも出てくる。これが文科省が行なっているいじめなどの件数の調査結果に現われていると思われる。いじめは最近減少しているという調査結果だが、実際は減少していない。いじめを隠す、または見て見ぬフリをする学校が増加しているということだ。教員だけでない。うるさい親がいると、周囲の親集団はその親を遠巻きに見てかかわらないようにする。自分の子どもさえよければいいと考える親たち。自分が次のターゲットになるのが嫌なので、やりたくはなくてもいじめに加わる子どもたち。こんな状態では、問題が起きない方がおかしい。または問題が起きても、連携もできず、解決することは至難の業となる。

なんともはや、手を付けられないような状況にさえ思われる。これらのことが複雑に絡み合い、現代の教育現場があるため、学校内の問題も多発化するし、連携をしようと思っても、困難だったりする。その結果教員の質の向上・カウンセリングマインドなどが求められる訳だが、すでに述べたように学校場面を構成しているのは教員だけではない。ところが解決は一手に教員が引き受けることが多いが、それは到底無理なのである。追い打ちをかけるのが、余裕のない生活である。こころにも身体にも余裕がない状態では、問題を解決する能力も低下している。取り組もうというエネルギーも枯渇している。このような状態にある学校に子どもを登校させるということは、子どもはもちろんのこと、親もなにがしかのトラブルを体験する確率が高くなっている。

(2) 教員の精神衛生

そしてこれらすべてのことは、同時に教員のストレスとなるのである。もともと教員という職業は、非常に特殊だ。まず時間割がある。時間通りに生活を送る。これは、もちろん子どもたちの自律性を養うためだが、大人にとってはストレスになる。また、担任を持つと、小学校の場合は一対多数で日々送ることが多い。すなわち、子どもとのコミュニケーションはあるが、大人同士のコミュニケー

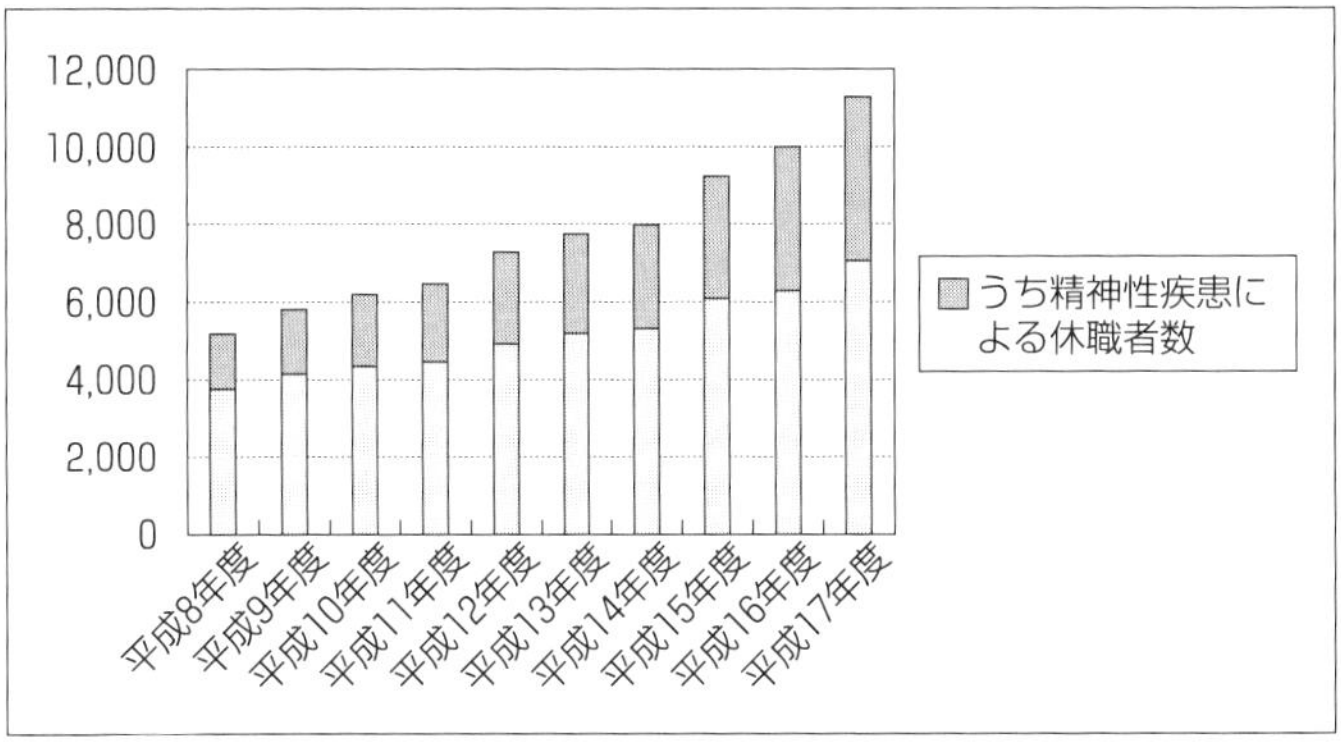

（出所）　文部科学省ホームページ「病気休職者数等の推移（平成８年度〜平成17年度）」をもとに作成。

図序-1　病気休職者数のうち精神疾患による休職者数

ションは時間的に圧倒的に少なくなる。

また子どもたちを対象にしているために、より、教員自身のこころの安定が求められる。教員が健康で安定していないと、子どもへの十分な教育もできず、組織的な学校運営もできなくなってしまうからだ。

以上のことからも、教員の休職率が高まっていることも容易に理解できる。**図序-1**をご覧いただきたい。教員の休職者数が増加しているだけでなく、精神性疾患による休職者が増加していることが特徴である。

そして、これらの変化は、教員だけに限定する問題なのではなく、会社内の対人関係、親子関係、近所つきあい、母親同士のつきあい、ひいては人間関係にも同様の問題が起きているといえる。

企業でも同様の傾向がある。企業も十年以上前からメンタルヘルスに取り組み始め、取り組んでいることがその企業の安定性を示すような印象まである。また、鬱《うつ》病などという言葉が一般化しているので、上司はうっかり部下に自殺でもされたらどうしよう、という不安感があり、妙に手厚い対応をしたりしている場面も多々見たことがある。

(3) 予防・解決に少しでも向かうためには

子どもと教員、保護者と教員の関係の基本はやはり人間関係である。そこに一番大切なのは、信頼関係である。信頼関係を築くためには、なるべくコミュニケーションをとることである。それも、向き合って対話する機会が多ければ多いほど良い。相手がおかしい場合は、ネガティブコミュニケーションに巻き込まれないように、心理的距離を置く。

また、問題が起きる時というのは、いつもならできることができなくなってしまう時だ。つまり、対応間違いをしてしまう時というのは、あとになってから、なんであんなに腹が立ったのかなあなどと思うような状況で起きることが多い。やはりリフレッシュして、自分のこころが安定していることが基本となる。

もう一つ重要なことは、決めつけないことだ。相手の一面、一視点からしか見なくなると、役割が固定され、解決できなくなる。レッテルを貼らず、多面的・立体的に相手を理解しようとする姿勢がカウンセリングマインドの示す態度や姿勢なのである。

第1章　他者を理解すること

――人を理解することはホントにできるのか――

最近の教育関係の教科書や参考文献には、「幼児・児童・生徒の理解が必要である」とか、「そのためにはカウンセリングマインドに基づいた授業や態度が必要である」、「共感的理解、受容、傾聴することが大切である」、などとカウンセリングの基礎的用語が書かれている。子育ての本にも、「親は子どものこころを理解することが大切だ」などと書いてある。遡ると私たちが子どもの頃には、学校で「相手の立場や気持ちを理解しよう」などと教育された記憶もある。相手を理解することが大切なことはわかるが、では一体、幼児・児童・生徒にかかわらず、他者を理解するとはどんなことなのだろうか。

そもそも、私たちは、人のことを「理解する」ことができるのだろうか。そして、私たちは、人のことを「わかる」ことはできるのだろうか。読者の皆様はどう考えておられるか。

本文を読み進める前に、この本の効果的な読み方について一つ申し上げるとすると、ぜひ次に読み進める前に、ご自身の考えを先に思い巡らせてほしい。まずはご自身のこころの声を聴き、そして本を読み進めてほしいというのがこの本の自己観察的読書を進める方法と考えている。

1　他者を理解するとは何か

(1)　他者を理解するということ

ある授業で、「人を理解することができるか?」と質問すると、二割くらいの学生ができると挙手してくれた。再度「人をわかることができるか?」と質問すると、ほとんどの学生ができないと答えてきた。察するところ、どうも「理解する」と「わかる」には多少ニュアンスの違いがあるようだが、いずれにしても、どうも他者を理解することは難しいとの印象のようだ。そして、実際この学生たちの印象通り、他者を完全に理解することはしょせん無理なのである。

それなのに、冒頭で述べたように、教育関係の本には、「教員は幼児、児童、生徒の気持ちを理解することが必要だ」と書かれ、子育ての本にも「親は子どもの気持ちを理解して養育すべきだ」とある。なぜできる訳がないことをしなければならないのか。

では、逆説的に考えてみよう。私たちは、他者を理解することはできないのだろうか。

これらを考えやすくするために、以下のことを想像していただきたい。皆さんが人に相談をした時に、「わかってもらえた」と感じる時はどんな時だろうか。

やはり授業で学生に上記の質問をしてみたところ、多くの学生さんは「じっくり聴いてもらえた時」「同じ体験がある時」「アドバイスをもらえた時」などと答えてくれた。読者の皆さんもそのようなことを考えられたのではないだろうか。わかってもらえた、と感じる時は、この人に話してよかったなと思える時なのだ。では話してよかったと感じるのはどんな時か。

まずは自分の話をよく聴いてもらえた時にそのように感じるであろう。言い足りない、言いたいことが言えなかった時には、話してよかったとは思えないからだ。

ここまでを整理すると、他者を理解することは難しいのに、理解してもらえたと感じる体験はある、という結論になる。なんだかこれでは矛盾しているように思える。

ここで私が何を言いたいかと言うと、他者を理解しようとする際には、「他者を完全に理解できることは、難しい」という謙虚さが必要なのである。謙虚さを持って、他者を理解しようとしないと、「わかった」気になる傲慢な自己満足型の大人になってしまうだけである。

すなわち、謙虚な気持ちで「相手を理解しようとすること」、「理解しようと努力すること」が「他者を理解すること」なのである。

さらに、理解するためには、信頼関係が必要である。この人に相談したい、話を聴いてもらいたい、と思うところから、人は話を始める。これらが理解を論じる前提となる。

（2） 話すということ

先程も挙げたように、自分の話をよく聴いてもらえた時に、人は話してよかったなと感じる。言い足りない、言いたいことが言えなかった時には、不満足感が残る。つまり、まずは、言いたいことをそのままに話せる場を提供する、遮ることなく、まずは相手の言いたいことをそのままに聴くということであり、これがいわゆる「傾聴」である。

「話す」ということには、実はこころの重荷を「離す」という機能がある。話したらこころが軽くなった、とよく表現するだろう。これは、まさにこころの重荷を言葉という客観的なものにのせてこころから離す（話す）から、軽くなるのだ（これを心身両義語という）。聴き上手といわれる人は、こころの重みを上手に離してくれる人である。また、話す側にも実は話し上手という人がいる。自分のこころを感じ、気持ちや思いを言葉にする能力（サイコロジカルマインドということもある）の高い人である。逆に、一体何を話しているのかわかりにくかったり、なんだかこちらは一生懸命聴いているのに、どうせ話したってわかるわけないだろうという態度で話してくる人もいる。これではなかなか重荷は離れていかない。または、中には、ただ傾聴したところで、こころが軽くなるどころか、ますます重くなってしまう人たちもいるのである。たとえば、とても悲観的な人は、話せば話すほど自分がかわいそうで、こんなにひどい目にあっているという気持ちが高まる。話せば話すほど、どんどん気持ちが沈んで、悲劇のヒロインになっていく。または、まったく現実にはないことをあると思い込んでしまっている（妄想という）人たちは、話せば話すほど、現実から離れた自分の主観的な世界が広がっていってしまい、収拾がつかなくなってしまう。

つまり、他人が親身に話を聴くことが非常に有効である場合と、そうでない場合があるのである。どんな場合も話を長く聴いてあげれば相手はこころが軽くなるのだというのは、大きな間違いなのだ。だからこそ、こころを扱う専門家は「見立て」というアセスメントを行ない、その人に合った心理療法を行なうのである。

ただ、この本では、主としてこころの健康な人を対象としたお話をしようと思う。

(3) 傾　聴

相手を遮ることなく、言いたいことをそのままに聴くことは大切である。カール・ロジャース（C. Rogers）は来談者（クライエント）中心療法というカウンセリング技法を創始し、受容・共感・傾聴・非指示・自己一致などをその柱としている。この心理療法は、教育場面では非常に有用であるから、参考文献をお読みになることをお勧めする。来談者中心療法でいくと、たとえば、「学校に行きたくない」と言われた時に、「義務教育なんだから学校に行かなきゃ駄目!!」と答えてしまったのでは身もふたもない。「学校に行きたくない」「学校に行きたくないの？　少し話を聴かせて」という展開にならないと、相手が一体何を言いたいのか何もわからない。なるべく、相手の話したいことを聴いていく、相手に語ってもらうというイメージである。その際にただおうむ返しするのではなく、相手の話を広げるような、すなわち相手の話している一地点からだんだんに地図を広げていき、全体の地図が見えていくような質問をするように心がけると良い。「どんなところで行きたくないの？」とか「何かあった？」など簡単な質問である。ここで「嫌なことがあったの？」と聴くと、学校に行きたくない＝嫌なことがあったという聞き手側のイメージを押しつけることになるので注意する。もしかしたら家にあるゲームがしたくてたまらなくて学校に行きたくないだけで、嫌なことはないのかもしれないからだ。まずは聞き手の主観をまじえずに、話し手の話をそのままに聴く。なるべく話し手が使った言葉をそのままに使用していくのも工夫の一つである。そうすると、話し手も自分の気づいていないことが見えてきたりするものである。

　ところが、思春期の子どもが生意気な態度で「学校なんか行きたくねーよ、うるせー」などと言ってくると、つい大人は大人として律したくなるものである。しかし、そこはぐっとこらえて同様の対応をすべきなのである。まずは言い分を聴いてやろう、ということである。ただ、聞き手側が本当は非常に腹が立っているのに「学校なんか行きたくないんだね」などと形だけ整えて伝えたところで、事態は悪化する。このような場合は、「ずいぶん怒ってるんだね」などとその場の情緒を言葉にすることも大切になってくる。すなわち、ロジャースの言う、受容や共感が生じるためには、単に形を真似しても駄目なのである。話を傾聴し、話し手の言いたいことを理解しようと努力し、最終的に話し手の情緒（気持ち）に聴き手が添えるかどうかなのである。

　ただ、社会的倫理にかかわる場合、たとえばタバコを吸っている現場に出くわしたりした時には、「どんな気持ちで吸ってるんだ？」などと悠長に言う訳にはいかない。まずは制止し、その後なるべく早くに「なぜ喫煙したのか」を尋ねるべきである。ただ一方的に叱っても、相手はわかってもらえない気持ちが高まるだけで、言われたことに従おうという気持ちは生じてこない。喫煙をやめさせることが目的ならば、どうやったら相手に伝わるかということを考えるということであり、その方が解決は早い。また、いじめなどとの絡みで考えると、自分の意志とは関係なく脅されて喫煙している場合もあるから、一方的に決めつけて叱ることは危険でもある。

（4）情報の大切さ

（3）までのように相手の話を聴く場合、やはり相手の情報が大切になってくる。つまり私たちはブラインドゲームをしているのではないので、相手の話を聴く際に、その相手の背景（バックグラウンド）を知っている方が理解を助けるのである。たとえば、年齢などの現実的要素、相手の性格がどんな風か、相手の家族構成がどんな風か、母親が専業主婦かどうか、兄弟姉妹がどんな構成か、最近生活に変化があるかどうかなどを知っていた方が、語ってくれる話をよりその人の体験に近く想像することができる。つまり、まったく見知らぬ人よりも、仲良しの方が理解できる可能性が高いのである。

では、これらの情報はどのように収集できるだろうか。これはお互いに「知り合う」ということであるが、学校場面では、①調査票などの提出書類、②児童生徒の作文や日記、作品など、③教員自身がその児童生徒と日々触れ合う、④個人面談などから収集することができる。親子なら収集するまでもないが、子どもが話してくれる言葉を注意深く聴くことが大切だ。そして、何よりも、日々のかかわりの積み重ねが、信頼関係を深め、理解を深めていくことができる。

（5）行動や身体症状から読み取る

話すこと、傾聴することを述べたが、では赤ちゃんや幼稚園児、児童など言語能力の発達していない人たちにはどうしたらよいのか。どうやって理解したらよいのだろうか。

言語能力の発達していない小さな子どもたちは、行動や身体症状などによってこころを伝えてくるのである。よって、行動や身体症状（サインということもある（第**2**章参照））からその意味を読み取ることになる。実はこれは皆さんが日常的になさっていることなのである。

つまり、赤ちゃんが泣けば、「あら？　おっぱいかな？」「おむつかしら？」「眠いのかな？」と母親をはじめ養育者は泣き声から判断をする。そしてだいたいどの泣き声がどの要求なのかがわかるようになる。赤ちゃんも、泣けば不快が快になる体験を積むと、また泣いて母親を呼ぶようになる。泣くとお母さんが来てくれる、気持ちよくしてくれるという他者との基本的信頼感が芽生え始めるのである。幼稚園くらいの子どもも同じである。下に赤ちゃんができた時に一時的に「赤ちゃん返り」するなどまさにそれである。自分以外の、それも自分よりも小さくてはかないものが出現し、お父さんお母さんをとられてしまうような気持ちがしたり、お兄さんお姉さんになろうとしたりという複雑な訳のわからない気持ちが、指しゃぶりや、とれたはずのおむつに戻ってしまったりする「赤ちゃん返り」という行動に現われるのである。だから、「指しゃぶりなんかしちゃ駄目でしょ!!」と叱れば叱るほど、子どもは必死にちゅくちゅく指をしゃぶるのある。叱るのは逆効果にしかならない。むしろ「〇〇ちゃんも赤ちゃんになっちゃったのかな?」などと甘えたい気持ちを肯定し、その甘えたい気持ちを理解していることを伝えていくと、赤ちゃん返りは消失し、安心してお兄さんお姉さんになっていくものである。

身体症状として出現しやすいものとしては、たとえば、不登校の子どもたちが登校しようとすると腹痛を訴える症状である。「お腹が痛いから学校に行けない」というのが比較的多い訴えである。これは主としては登校しようとする緊張から腹痛が起こることが多い。過敏性腸症候群という病気である＊。この腹痛も当然腹痛に対する治療も必要ではあるが、むしろ腹痛で何を伝えてきているのか、という視点で考え、腹痛の原因となっていること、すなわちストレス、この場合は学校に行けなくなっていることについて考えていくことが真の理解そして解決につながるのである（症状消失も含む）。

＊　お腹の症状を出す人は、精神分析で肛門期性格というタイプの人たちが多く含まれる。これは、便秘のようにお腹の中に便をためたり、下痢をしてどばっとお腹の中の便を出したりするということが、感情をぐっとためたり、ある時どばっと出してしまったりすることと似ている現象と考えることから命名された。つまり感情などを自分の中にためこむタイプなのである。貯金などが好きなことが多く、通帳の金額が増えていることを見るとにやにやしてしまうようなタイプと想像するとわかりやすい。すなわち肛門期性格の人は、几帳面だっ

たり完全主義だったりすることが多い。

でも実は、これは言語能力の発達している思春期以降の子どもたちや大人にもまったく同様に当てはめて考えることができるのである。たとえば、いわゆる非言語コミュニケーションと呼ばれるものがここに相当する。話しているときに、貧乏ゆすりをする・指でこんこんと机をたたく・咳こむ・急に泣き出すなど、人は話しながらさまざまな行動をとっている。これらの行動もこころを伝えてきている。前出の例で考えるならば、タバコを吸うという行動で何を伝えてきているのか、と考えることが理解につながる。父母会に一回も出席しない保護者は、その行動で何を伝えてきているのか、という視点で行動を見てみることである。

＊　人の悪口を言おうとした時に咳き込んだご経験があるのではないか？　自分の中から攻撃的なものが出るときに急に咳き込むことがある。

吸ってはいけません、タバコは非行だ、とか、父母会には出席しなければいけません、モンスターペアレントだなどと相手を理解する努力なく、非難したり、こちらの言い分をつきつけても、相手はその行動をやめない。さらには、相手を非難禁止するだけでは信頼関係は築けない。すなわち、行動をただ叱るという行為（生徒指導の際にこのようになってしまっている場合が多い）は、何も解決せず、それればかりか事態がこじれ、登場人物全員が嫌な気持ちになって終わってしまうことという結末は予測可能なのだ。つまり、行動だけを見て是非の判断をすることは時期尚早でしかなく、行動からこころを読み取ろうとすることが必要であり、その後是非が見えてくるのである。不登校であろうが、宿題未提出常習犯であろうが、暴力的であろうが、自傷行為をしていようが、先生に文句をつけたがる親であろうが、ただ表面に現われた行動だけを見て、非難や禁止をしても無駄な労力であることはおわかりいただけたであろう。理解なく、解決方法を選択することは、不可能である。

このように行動の背景を見る視点を持つと、行動がその人のこころを表わしていることが見えてくるのである。

2　他者理解を具体例にそって考える

（1）教員、母親の日常的会話

〔例1〕一時間目が始まってすぐの教室において

子ども「先生、消しゴム忘れた」

さて、まず読者の皆さんには、この質問に自分だったらどう答えるかを考えてみてほしい。

〔例2〕帰宅して母親がおやつを出している場面において

子ども「お母さん、熱あるみたい」

この例についても、皆さんならどう答えるかを考えてみてほしい。

回答例1：先生「お隣の人に貸してもらいなさい」

　　　子ども「はい」

回答例2：母親「大丈夫？　熱測ってみましょう」

　　　子ども「三十六度三分」

　　　母親「あら、熱はないわね。どうしたのかしら？」

などが一般的な会話だろう。

この二例で示したように、現実の生活の中では、現実的な対処をするのが常である。教員も母親も忙しいので、この会話のようにとりあえずの解決を見ると、そのことは忘れて、次の行動に移るものである。しかし、〔例1〕、〔例2〕の子どもが数日にわたって同様のことを訴えてきたらどうだろうか。「あれ、まただな」「おかしいな」と感じる。この時こそ「理解」が必要になるのである。

（2）サインが毎日ある場合はどう答えるべきか

（1）で挙げた〔例1〕についてさらに考えてみる。

子ども「先生、消しゴム忘れた」
先生「どうしたの？　ここのところ毎日忘れているね。何かあった？」

子どもの忘れ物が毎日続くと、教員も「あれ？」と思う。そこで上記のように聞けば、子どもは何かを話してくるかもしれない。どんなことを話してくる可能性があるだろうか。

たとえば、「弟が生まれてからさ、お母さんぼくの用意を何も手伝ってくれないんだよー」と弟の誕生による寂しさや不満を訴えてくるかもしれない。または「買ってと言ってるんだけど、お金がないって言われたんだよ」ともしかたら家庭の事情が垣間見えるかもしれない。何も答えてくれず無言でいる表情から、誰かにとられたのではないかといういじめの可能性を推察することができるかもしれない。

同様に（1）で挙げた〔例2〕についても考えてみよう。

子ども「お母さん、熱あるみたい」
母親「どうしたの？　帰ってくると熱あるみたいな日が多いね」

と聞くと、「学校やなんだ」とか「いじわるされるの」とか「学校つまんないんだ」と言ってくるかもしれない。

このように「消しゴム忘れた」「お母さん、熱あるみたい」という一言であっても、子どもがこの言葉に込めたメッセージはさまざまに考えることができるのである。

繰り返しになるが、子どもたちは（とくに言語能力の発達していない小さな子どもたちは）言葉ではなく行動で何かを伝えてくることが多いものだ。〔例1〕ならば、消しゴム忘れたということで、寂しさや不満を、〔例2〕なら熱があるかもということで、学校の対人関係の悩みを伝えてきているのである。これは第2章の子どものサインにもつながってくる。

そして、このどれがこの子どもにとっての真実に一番近いかを判断するためには、この子どもについての情報が必要となる。家族構成がどうか、家族の状況はどうか、学校の友達関係はどうか、自分（教員や親）との関係はどうか、最近の子どもの様子はどうだったか……などの視点からこの子どもを総合的、立体的に観察し、さらに子どもの言葉が何を伝えようとしているのかを判断するのである。これらの手順が、いわゆる、児童生徒理解、そしてそれに伴うカウンセリングマインドを持った対応となっていくのである。しかし、一般的には、担任は三十人くらいの子どもたちを同時に見ながら、時間割通りに日々進行していかなければならないため、現実的な対応に終わる事がほとんどである。母親も同様である。毎日の生活は忙しい。アンテナを張り巡らせることが必要なのではなく、これを忘れないでいることが大切なのである。複数重なってきたときに、「あれ?」と思えるかどうかが、教員や母親、父親のセンスとなってくる。

（3）小学校の例から考えてみる

小学校の例を挙げてみよう。一年生を担任する教員が五月の初めに職員会議で一人の男の子の報告をした。その男の子は給食をがつがつ食べるので、とても気になるというのである。単に、一番に食べ終わって自慢したいとか、大食いであるというのとは違い、毎日がつがつ、まるで餓えているかのように食べるので気になるというのである。

すると、職員会議に参加していた養護教諭があることを思い出して報告した。入学した早々にその男の子は保健室にやってきて「ここが痛い」と腕を指さしたという。指さした先には薄いあざがあったが、今できたようなあざではなかったし、処置が必要と思えなかったので、そのまま帰したという。

この男の子の二つの行動から、どんなことが推察できるであろうか。

この男の子の背景には、もしかしたら虐待があるのかもしれない、ということである。

このように子どもたちは、さまざまな行動でさまざまな場面でSOSを発信しているのである。子どもたちの何気ない行動は、背景にあるこころ（無意識〔第5章参照〕）から発信されており、行動にはなにがしかの意味が隠れている。よって養護教員のように、大人が「あれ？」と思ったことを忘れないでいることが非常に大切であることをわかっていただけただろうか。

ところで、具体的な対応法であるが、虐待かもしれないという仮説を持ったらどうしたらよいだろうか。皆さんならどうするであろうか。

いきなり、保護者を呼んで「虐待していますか？」と尋ねる人はいないだろうが、もしこの対応をしてしまうと名誉毀損になったり、ますます陰湿な虐待が子どもに向いてしまうこともあるので、してはいけない。

このような事態でこそ、連携（第7章参照）が力を発揮する。複数の目で注意深く観察するのである。給食の時、体育着に着替える時、身体測定の時……もしそこで、あざや傷を見つけることができれば、虐待を早期に発見し、子どもを保護することができる。この例の場合は、実際に虐待があり、教員が連携した結果、早期発見し、児童相談所に通告し、適切な対応がなされた。

ここで述べた「行動からこころを読み取る」ことは、この本で私が読者に伝えたいことの軸となることである。表面に現われたことで判断する大人ではなく、表面に現われた行動を見て、「一体これをもって何を伝えたいのかな？」と考える大人が増えていくと、表面的な行動からさまざまなことがたくさん見えてくる。そして子どもたちも理解された気持ちが高まるのである。

3　他者理解の際に陥りやすいこと

（1）私も同じだよ

子どもの相談を受けたときにどう答えるか、と質問した時に、多く出てくる回答の一つだ。自分も同じ体験をしたことを話す、「私も同じだよ」「うちの子もね……」といった具合である。

先日いじめをテーマにしているテレビのドラマを見た。自分も過去にいじめられた体験を持つ先生が主人公で、周囲の先生たちが問題はないと主張する中、唯一生徒のいじめに気づき、被害者である生徒がいじめられていることを否定しても、何回も辛抱強く働きかけ、自分も過去にいじめられていたという自身の体験も話したりして、なんとか生徒のこころを開こうと努力していた。被害者である生徒は、脅されていたため、自分はいじめられていないと答えていたが、ついに追いつめられた生徒が泣きながらいじめがあることを話してくれるという感動的なストーリーだった。もちろん、このドラマのように展開していくこともあるだろうし、むしろこのようにうまくいけば本当に良いと思う。しかし実際はうまくいく確率は低いのである。なぜならば、この先生の体験した「いじめ」とこの生徒の体験している「いじめ」は同じではないからである。

（2） 自己開示の落とし穴

「私も同じだよ」と自分の体験を話すことを自己開示という。居酒屋などで、「就職決まんないんだよー」というA男に対して、「オレもだよー」と答えるB男。「ふられちゃった……」と泣くC子に、「私も先週ふられちゃったんだよ」と慰めるD子、などという光景はよく見かけるし、この時の二人は非常に盛り上がったりする。たしかにこのような時、人は本当に慰められるものである。涙を流して、手を取り合い、肩を組んで、同じ痛みをわかち合うのである。痛みもその時は紛れてくれるものだ。ところが、このあと、B男がA男に会った時に、「オレ就職決まったよ！」、またはD子が「仲直りしてラブラブなんだ」などと言ったらどうだろうか。居酒屋での盛り上がりが大きければ大きかったほど、B男、D子の発言はぐさっとくる。同じだと思ってたのに、不幸なのは自分だけだったのか……と盛り上がった以上の傷つきが訪れる。友達ならば、こんなこともあるだろうし、このような現実を乗り越えていくことこそが人生である。ところが、子どもがやっとの思いでこころを開いて話してくれたときに、「先生もそうだったよ」と簡単に答えていいのだろうか。信頼関係は、一時的な盛り上がりで築けるものではない。

例を挙げてみよう。「先生、野球、レギュラー落ちしちゃったよ……」と相談された時に、「オレもそうだった。でも一生懸命練習したら次の年にはレギュラーに戻ったぞ。お前も頑張れ!!」と仮に答えたとする。この生徒は先生の言葉を胸に、一生懸命練習を重ねた。ところが次の年にこの生徒がレギュラーに戻れなかったら、どうだろう。もしかしたら、生徒は自分の練習が足りなかったのかもしれない、自分は先生より劣っているのだろうかと考えてしまうかもしれない。もちろん先生にそのような考えがなかったとしても、である。人間に「同じ」はないのである。

(3) 自己開示に陥りやすいパターン

これは圧倒的に相談してくる人と相談にのる人の年齢が近い場合である。三歳くらいの子どもが赤ちゃん返りしたとしても、「ママもそうだったよ」とは言わないだろう。

しかし、新卒の先生が高校に就職して、生徒とうまくやっていこうと不安と期待で肩に力が入った状態でいると、「先生彼氏いるの?」「結婚してるの?」と聞かれると、ついつい親しくなりたくて答えてしまうものである。それも対等の言葉遣い(俗に言う「タメ語」)で……。この関係が定着化してしまうと、表面的には生徒と仲の良い先生にはなれるが、ここで生徒指導しようとするとひずみが生じる。「髪を染めてるんじゃない?」と本来の教員らしく指導しようとしても、「別に? いいじゃん、固いこと言わないでよ」となってしまう。

最近テレビでも特集されたりして「友達母娘」がはやっているが、それも同じことが起きる。「そんな明るく髪染めちゃだめよ」と言うと、「なんだ、お母さんのこと友達みたいと思ってたけど、ただの頭の固いおばさんじゃない!」となってしまう。親は友達ではない。親は親にしかなれないのである。

先に述べたように、信頼関係は盛り上がりでは築けない。皆さんは時に、「わかる、わかる」「すっごいよくわかる」と相手に言われると、「そんな簡単にわかるわけない」と思うことはないだろうか。悩みや相談には、ものによって、じっくり聴いてほしいことと、盛り上がって解消したいことがあるものだ。

(4) 自己開示が有効な場合

自己開示の否定的側面ばかりを述べて来たが、肯定的側面もあることを述べておこう。

自分の体験を語ることが有効なのは、ある程度健康に育ってきた子どもが、進路相談や、将来のことを尋ねてくる場合である。この時子どもは、相談する相手を理想的な大人と見ている(同一化対象という)。自分もこうなりたいなというモデルのような対象と見ているのである。たとえば、「先生はどうして教員を志望したのか?」「なぜ心理の仕事に就いたのか?」「高校のとき、部活は何してた?」などである。この場合は、相手の言うことを一つの意見として聴こうとするので、ぜひ自らの体験を話すと良いと思う。

4　共感とは何か

(1)　共感を例から考えてみる

さて、一番難しい共感について考えてみよう。共感とはなんだろう。どうやったら共感したことになるのだろうか。まずは読者の皆さんの考えを挙げてみてほしい。

例から考えてみよう。

「先生、私いじめられているんです」
「先生もいじめられてたんだぞ」

これをどう思われるか。

この先生は子どもの話を傾聴せずに自分のことを話しているので、カウンセリング的にみても駄目な対応である。

カウンセリングマインドを持つ先生は、

「先生、私いじめられているんです」

「どうしたの？」

となる。

引き続き、

「いつも仲良しだったのに、先週から急に無視されて……」

「そうか、先生も小学生の頃無視されたことがあるよ」

このやりとりはどう思われるか。

この例になると、このようなやりとりをする大人はかなり増えてくる。自分も同じ体験をしているから、気持ちがわかるよと、わかることを伝えたくなるから発するのである。でももしこれが、A子から「先生、私小児がんがみつかったの……」と言われたらどうだろうか。同じ体験をしたから気持ちがわかるという論法では、このA子には共感したり、わかることは不可能だということになってしまう。しかし、現実は決して不可能ではなく、相談を受けたどの大人でも、A子の気持ちに寄り添おうと努力すると思う。小児がんとは何だろう？　どういう治療をするのだろう？　入院するのか？　通院でいいのか？　生存率は？　さまざまなことが頭を巡り、小さな身体で告白してくれたA子の力になんとかなれないだろうかと悩む。おそらく「大切なことを話してくれてありがとう。ゆっくり話を聴かせてくれる？」というように、A子の気持ちをゆっくり時間をかけて聴き、なるべくA子の感じている不安や心配を理解しようと努力するであろう。そして、なるべくA子の感じている苦しみをその通りに、こちらも感じようと歩み寄る、A子の気持ちをわかりたいと努力する。これこそが「共感」「共に感じる」、なのである。

共感とは、なるべく相手が感じている通りに、相手が感じていることとなるべく近い気持ちを感じるように努力することなのである。

（2）嫌いな子どもだったらどうするか

人間、やはり相性とはあるものなのだ。どうしても気になってしまう人、どう努力しても好きになれない人はいる。教員であろうと、社会人であろうと、集団生活を送る限り、苦手な人とも関係を保っていかなければならない。ところが、教員の場合は、相手は児童・生徒であるから、少し話が違ってくる。教員は平等に、公平にしなければならないし、ましてや相手は自分よりも年下の子どもたちであるから、自分の感情に流されて指導してはいけない。すなわち、先生たるもの、自分の好き嫌いに左右されずに皆公平に指導しようと自分を律するのである。親の立場から考えれば、教員が公平であることは当然である。自分の感情で左右されたのではたまったものではない。しかし、嫌いな人に毎日会っていると、皆さん嫌になってこないだろうか。上司が苦手な人物だと会社に行くのが嫌になるし、部下が苦手であればついつい怒ってしまう。教員も同じだ。ではどうしたらよいかというと、感じることは自由なのだというのがその結論である。「ああ、あの子、どうも苦手だな」「あの子が発言するとなんだかイライラするな」と感じることは自由なのである。ここで重要なのは、感じたことを行動に移してしまっては駄目だということである。think と do は違う。感じたからといって、その子を必要以上に叱ってしまうことは絶対にしてはいけない。これは感情に左右されていることになる。しかし、自分の感情に気づき、モニターし、「嫌いだから叱りすぎないようにしよう」と考えれば良い訳で、無理して好きになる必要はない。嫌いな子どもがいても仕方がないのだ。むしろそのことを潔く認め、自分を客観的に見つめることが公平性やひいては共感につながっていくのである。

また、これは第**4**章で詳しく述べるが、自分の気持ちに気づくことは、実は自分自身のストレス発散にもなる。要するに、我慢したり、好きになろうと努力するよりも、自分の気持ちに気づいた方がずっと自分が楽になれるのだ。そして、実は、どうしても気になる人やどうしても嫌いな人などは、相手にだけ原因があるというよりも、気になる原因は自分の側にもある。補足であるが、これらを考えていくのが、精神分析（第**5**章で触れてある）であり、その際には内省という、自分自身を素直に謙虚に省みていく作業が必要なのである。

5　こころの発達

（1）発達課題

ではここで、少し学問的なことにも触れておこう。発達心理学、教育心理学などでは、発達課題というものを学習する。発達課題とは、私たち皆がそれぞれの年齢で共通して乗り越えていくハードルと言うことができる。発達障害という言葉は皆さんもよく耳にしていると思うが、これとは違う（この本で学ぶのは、健常者のこころの発達について学ぶことを中心にしているので、発達障害については別の機会に論じたい）。発達課題も他の用語と同様に、ただ教科書のうえで知っていても、何の力も発揮しない。この本では、発達課題の知識を持つことが、子どもの理解に、どのように役立つのかを述べていきたいと思う。そのためには、まずは**表1－1**、**表1－2**を精読していただき、その後に提示している事例を読みながら、再度これらの表を参照してほしい。

（2）初めての分離

幼稚園・保育園時代の子どもの発達課題に簡単に触れてみよう。この時代の子どもたちの発達課題は分離である。

それまでずっと一緒にいた母子が初めて現実的に離れるのが幼稚園時代である。もちろん働いてお

表 1-1　ハヴィガーストによる発達課題

時期	発達の具体的な課題
乳幼児期 （出生から 6 歳）	• 歩行の学習 • 固形の食物をとることの学習 • 話すことの学習 • 排泄の仕方を学ぶこと • 性の相違を知り性に対する慎みを学ぶこと • 生理的安定を得ること • 社会や事物についての単純な概念を形成すること • 両親や兄弟姉妹や他人と情緒的に結びつくこと • 善悪を区別することの学習と良心を発達させること
児童期 （6 歳から 12 歳）	• 日常のゲームに必要な身体的技能の学習 • 成長していく生活体としての自己に対する健全な態度の形成 • 仲間とうまくやっていくことの学習 • 男性・女性としての適切な役割の学習 • 読み・書き・算の基本的技能の学習 • 日常生活に必要な概念の発達 • 良心・道徳性・価値判断の基礎の発達 • 個人的独立の達成 • 社会的集団や制度に対する態度の発達
青年期 （12 歳から 18 歳）	• 同年輩の男女両性との新たな，より成熟した関係をつくりあげること • 男性または女性としての，それぞれの社会的役割を遂行すること • 自分の身体的特徴を受け入れ，身体を効果的に使用すること • 良心や他の成人からの情緒的な独立を達成すること • 経済的な独立の自身を確立すること • 職業を選択し，それの準備をすること • 結婚と家庭生活の準備をすること • 市民（公民）としての資質に必要な知的技能と概念を発達させること • 社会的に責任のある行動を望み，それを達成すること • 行動の指針としての一連の価値や倫理体系を獲得すること

（出所）　ハヴィガースト，荘司訳『教育心理学』（学芸図書，1958 年）。

表 1-2　ブロスの理論

前青年期 （小学校高学年に相当）	• 身体の急速な成長が開始し，自己イメージの動揺をもたらす。同性の集団を作る。唐突に反抗などの問題が出ることもあるが，まだ幼い行動の場合が多い。 • 女の子はおてんばになり，運動エネルギーで内的緊張を発散する。男の子は汚い言葉を使ったり，母や女の子をからかったりする。
青年期前期 （ほぼ中学生に相当）	• 両親，とくに母親から距離を取り始める。その代わりに同年代の同性の親密な友人関係が重要になる。この関係は，互いに理想化しあい，万能感が高まり，自我理想ができあがる。裏には，理想になることを切望し，理想になれないのではないかと不安になる。
青年期中期 （ほぼ高校生に相当）	• 両親への愛着が減り，自分自身への過小もしくは過大評価する傾向が現われる。身近な集団よりも，家族や学校から離れた集団に同一化したり，哲学などに傾倒したりする（一時的な仲間，空想の対象，深夜放送，暴走族，摂食障害など）。異性との恋愛もあるが，困難や傷つくことが多い。 • より万能感が高まっているため，現実検討力も低下する。 • 後述のA子の事例はこの時期の問題が生じている。
青年期後期 （大学生の年代に相当）	• Identity が定まり始める。自分らしさが確立され，職業や社会的役割が選択される。異性との恋愛も安定した関係を築くことが可能になってくる。
後青年期	• 青年期と成人期の移行期。

（出所）　小此木啓吾編『青年の精神病理 2』（弘文堂，1980 年）を参考に著者がまとめたもの。

られる方は保育園が最初の分離体験になる。よく見かける光景に、入園式や入園した当初、「ママーっ」と泣く子どもがたくさんいる。それを見て母親も一緒に泣き出しそうになる。これが分離である。親離れ、子離れの始まりである。

しかし、ほとんどすべての子どもが泣かなくなる。なぜだろうか。

それは、幼稚園に行っても、つまりお母さんと離ればなれになっても、また会えると再会を信じられるようになるからである。必ずお迎えにきてくれる、おやつを買って待っててくれる、などと母親との再会を信じることができるようになるので、自分の世界（幼稚園・保育園）を楽しむことができるようになる。これはつまりこころの中にお母さんを思い出すことができるようになったということなのである。これを対象恒常性（ここでは触れることができなかったが興味のある方は、マーガレット・マーラーの分離個体化理論を学ぶことをお勧めする）と言う。すなわち、一時的分離に耐えられるようになるということで、お留守番ができるようになることなのである。この機能が構築されていないと、こころに思うことができないので、具体的に接触していないと不安になる。たとえば、お母さんが目の前に見えないとものすごく不安になったりする。具体的に手をつないでいないと電車に乗れないとか、買い物に行けないとかの症状を高校生くらいになってから出す子どももいるが、こころに思う機能が不全なので、具体的接触を求めるのである。

（3）ハヴィガーストの発達課題

ハヴィガーストによる発達課題は、こころだけでなく、身体の発達も理解しやすく、教育関係で学ぶ発達理論の代表的なものである（表1-1）。とくに乳幼児期は、身体機能が発達課題に占める割合が高い。この時期に両親、とくに母親との安定した関係を築きながら発達課題をのりこえてきたかどうかが、その後の発達に大きな影響を与える。

児童期では、やはり学校に入学し、学校と集団生活が大きなテーマとなる。たとえば、「逆上がり」は代表的な発達課題の一つであり、子どもがぶつかる最初の壁であることも多い。

青年期は第二次性徴をテーマとして、性差や、親からの分離・自立が大きな課題となる。

（4）ピーター・ブロスの発達課題

実際に目の前にいる子どもたちと照らし合わせて考えるには、このブロスの発達課題が役に立つと思う（表1-2）。

そのために、解説を少し加えておく。

前青年期は現在では身体の発達が早くなっている面があるので、小学校中学年くらいから相当する。とくに女の子は自分の体型の変化に戸惑ったり、友達の体型が気になったり、自分と比べたりする。この頃からグループができ始め、とくに女の子は群れを作って生活するようになる。グループができるということは、仲間はずれが始まるのがこの時期でもある。また、人に秘密を持つことがとてもすばらしく思えたりもして、たとえば交換日記や交換ノートをするのもこの時期である。百円ショップや三百円ショップなどでたくさん売っているが、鍵がついていれば、その日記帳はもっと魅惑的なものとなる。秘密の匂いがするのだ。ところがこの時期の交換ノートは、鍵自体が魅力なのであって、時折開いたままの日記帳をこっそり読んだとしても、その内容は鍵をかける必要もないような本当にたわいないものが多い。また、男の子の発達は一般的に女の子よりも遅いので、まだ幼い。男の子は、若い女性の教員をからかったり、スカートめくりをしたりして、高まる興味を発散させる。そしてたとえば、男の子は具体的な意味がわからないので「おれ、生理って知ってるぞ」などと女の子をからかうが、女の子は意味がわかるので、すごく不快に思ったり、傷ついたりすることがある。

青年期前期になると、ますます親からの距離ができる。そして、同性の仲間と行動をともにすることが多い。男女ともに、クラブ活動などに没頭したりする。この時期の友達は、簡単に言うと、お互いに褒め合って盛り上がる友達である。アイドルのコンサートに行き「ねえ、今私のことみたよね」「見た見た。あ、私も今目が合ったよ」「ホント！　すごーい」という具合である。現実検討というよりも、自分ってかわいいとか、自分ってすごいなどという風船（理想化）をふくらませる時期である。これは自己肯定感・自己評価を高めることに非常に役立つので、この時期このような友達の存在は大切である。この時期にふくらませた風船はたくさんあればあるほどよく、その後の生きる原動力になる。またこの時期の自我理想というものは、実際の職業選択や進路選択というよりも、まだ夢物語の次元のものである。

ところがこの時期に、一般的には義務教育が終わるのである。これが意味することは、みんな同じではなくなるということだ。近所に住んでいて、幼なじみでもあり、部活も一緒に頑張ってきた友達が、突然優秀なA高校を受験するのに、自分は偏差値の低いC高校しか受験できない……などという残酷な現実に出会うのもこの時期である。

青年期中期になると、少しづつ見え始めた現実により、自己評価が高くなる場合と低くなる場合が出現する。妙に高揚して、自分がすごいと思ってみたり、妙に劣等感の固まりになり、自分には価値がない、もう駄目だなどと思ったりする。そのために、仲間集団だけでなく、一人の時間を持ったり、本を読んだり、日記に名前をつけて気持ちを書いたり、ブログやサイトにアクセスしたりする。親や大人に対する反抗的な気持ちも高まるので（一昔前にはやった横断歩道みんなで渡れば怖くない的な感覚）、現実検討能力は非常に低くなる。そのため非行に走る子どもも多い。異性への興味が高まるが、相手と人間性を理解し合うというレベルまでいくことは一般的に少ない。

青年期後期になると、少しづつ安定してきて、アイデンティティ（identity）が確立されてくる。アイデンティティという言葉はエリクソンという心理学者が作成したが、自分らしさである。自分とはこういう人間なのだ、ということを確立していく――そこには職業、結婚なども含まれていく――のがこの時期である。この時期になると男女の交際も、お互いを高め合うような関係を築くことができる。今は大学院生も多くいるので、この時期が長くなったと考えられている。

補足しておくと、モラトリアムという言葉もあるが、どうも一般的イメージは良くない。社会に出

られないとか、大人になれないなどのイメージがあるからだ。しかし、表面に現われたことからここ
ろを考えるというこの本の考え方を思い出してほしい。すなわち、モラトリアムすることの意味を考
えるのである。人によっては、社会に出ることがまだ不安ならば、大学院に行って、勉強を続けなが
ら社会に出る準備をすることは悪いことではない。むしろ自分を理解して現実をマネージしていると
考えられるのである。

6　発達課題を学んだうえで事例を考える

（1）ライナスの毛布

マンガのスヌーピーに出てくるライナスをご存じだろうか。大学生に聞いたところ、かなりの学生
が知らなかったので、知らない方はマンガを読んでみてほしい。ライナスはいつも毛布を持っている。
これが児童精神科医で精神分析家であるウィニコット（D. W. Winnicott）が「移行対象（transitional
object）」と言った概念である。母親との分離が進み始めたときに、まだ一人では不安だけれどこの毛
布を持ちながらならできる、という母親から分離して一人になる時の「移行」を助けてくれる役割を
するものを指す。皆さんも、よだれのついたタオルとか、お気に入りの人形とか、毛のさかだったぬ
いぐるみなどを抱いたご自身の幼少期の写真などを見たことがあるのではないか。だいたいの場合、
毎日ずっと持ち歩いているのであまりきれいではないことが多いが、その匂いやよごれが大切なので

あり、洗濯すると泣かれたりすることもある。このようなものを「移行対象」と呼ぶ。

この概念を知っていれば、たとえば、保育園や幼稚園の初日にお気に入りの人形を手から離さない子どもがいた場合に、どのように声をかけるとよいかおわかりになるのではないか。保育園、幼稚園の入園時期はどの子も母親との分離に反応し、先生方もお母さんもとても大変な時期である。その時に、持って来た人形に対して

〔例1〕 幼稚園はね、幼稚園のおもちゃで遊ぶから持ってこないでね。

〔例2〕 初めて幼稚園に来てドキドキしてる？ 今日はお人形も一緒に来たのね。でも幼稚園では幼稚園のおもちゃで遊ぶから明日からはおうちで○○ちゃんの帰りを待っててもらえるかな？

何人もの子どもたちが一斉に泣いていると、つい〔例1〕のような対応をしてしまいがちである。しかし、子どもにしてみれば、なんとか頑張って人形に支えられながら、初めての世界に飛び込んだのだ。その気持ちをまずは理解していることを伝えることが必要であり、安心を与えることになる。その意味では移行対象の意味を理解した〔例2〕の対応の方が子どもの分離・自立を援助したことになる。さらに、人形にお留守番してもらうということは、終われば会えることを伝えている。すなわち分離が一時的なものであることを伝えたことにもなっている。先に述べた対象恒常性を育てるような働きかけをすることがこの時期の子どもたちには大切となる。このように発達課題を理解している

と、状況理解を助け、その際にどのような言葉をかけるのが適切かが判断できるようになる。

(2) 【事例】 若年性糖尿病のA子

A子に私が出会ったのは、A子が中学三年のときであった。入院中のA子が前の晩にインシュリンを多量に注射してしまい、意識不明になった状態で看護師に発見されたことを受けて、臨床心理士である私の元に主治医から依頼が来たのであった。

A子は若年性の糖尿病(I型糖尿病)に小学校三年生時に発病していた。糖尿病というと、皆さんメタボとか成人病というイメージが強いであろうが、この子どものときに発病する糖尿病はそれとは違う。太ってもいなければ、遺伝疾患でもない。自己免疫にかかわる病気である。ということは、このことの大きな意味の一つは、「自分だけが病気」ということである。家族の中でその子だけが糖尿病である可能性が高いのである。それは当然発達課題で学んだ、自我理想の形成に影響を与える。自分は他者と違う、自分はみんなと同じじゃない、という気持ちを抱きやすいのである。治療方法は成人病と同じように、血糖を測定し、インシュリンの注射をすることが中心であり、食事療法も含めてそれらを主治医の指示の元で行なう。

A子もサマーキャンプなどに参加し、オレンジに注射をして自己注射の方法を練習したり、食事について勉強したりしていた。小学校時代はとくに問題もなかったが、中学に入学してからは、テスト前になると、インシュリンを注射しないで数日過ごし高血糖になって吐きながら入院してきたり、入院すると、ベッドの上一面にお菓子をひろげて食べたり、ナースコールを頻繁に鳴らしては看護師を困らせたりした。病棟がお手上げになり、退院させると、また高血糖や低血糖状態になっては救急入院してくるという繰り返しだったらしい。私の前にも臨床心理士に依頼をしたが、心理検査をしたけれども、面接は本人が拒否して継続していなかった事実も判明した。

主治医と看護師は一生懸命A子のために力を貸してきたがゆえに、度重なるA子の行動に音を上げており、何でもいいから何とかしてくれと私に訴えてきた。さらに本人は以前面接を拒否したと聞いたので、私が会おうといったところでどうなるのか、うまくいかないのではないか、と暗澹《あんたん》たる気持ちでA子の予約時間を伝えた。

この段階で読者の皆さんはA子にどのような印象を持たれたであろうか。

(3) A子との出会い

ところが時間にやってきたA子は意外にも、たいそうかわいい顔立ちをしており、恥ずかしそうに私の前に座った。私は一瞬戸惑ったが、しかしこの年代には大人の嘘はすぐに見破られることも知っているので、ストレートに「昨日大変だったんだって?」と聞いてみた。するとA子はにやっと笑って、「そこまでなるとは思ってなかったんだけどね」と意識不明になるとは思わなかったけれどインシュリンを多量に注射したことは認めた。私は「おそらく、先生や看護師さんたちはA子がいろんなことするけど、どうしたらいいかわからなくなったんだと思うんだ。それでどうも私がこころの専門家だということで依頼がきたみたいなんだけど」と伝えてみた。これはA子の健康さを私が確信したからとった行動である。なぜ確信したかということは心理学的な判断が基礎にあるが、今回はそこは論じるスペースがない。A子は「ふーん」と私を覗き込むように答えた。この行動から私は、A子も困っていて、誰かに助けてもらいたいと思っていること（対象希求性）を感じた。

ここからが思春期の子どもたちとの面接は勝負である。この人は自分のことをわかってくれる人か?、自分に役立つか?、あっち側の大人か?、などと試してくるのに勝ち残らなければならない。思春期に限らず子どもたちは、自分に役に立たない人間だと思うと意外にあっさり捨ててくる。私は、「先生や看護師さんたちから話は聞いたけれど、昨日一体何があったのか教えてくれる?」とA子の話を聴きたいと伝えた。A子は次のようなことを語った。

自分でもこんなの大騒ぎになるとは思っていなかったし、退屈だったからためていたインシュリンを注射したところどうも意識がなくなっていたらしい。その辺りは何も覚えていないが、気がついてからはとにかくみんなが騒いでいて、怒られたりして不快だという。まるで人ごとのように語っている。「退院すりゃーいいんだよ」とも言う。「でもこれまでも入院や退院を繰り返してたって聞いたよ」とストレートに質問すると、A子は嫌そうな表情を浮かべ、「別に。いいじゃん」と言った。「退院するのは、今回のことで病院の居心地がとても悪くなったからじゃないの?」と病棟の様子を知っていた私が介入すると、「まあそうだけど」とA子は認めた。

そこでもう少しA子のことを教えてほしいと言い、家族のことなどを聴いた。A子は両親と姉、弟の五人家族であった。両親ともにA子の病気のことを心配しており、食事療法などについても非常に協力的であった。A子によると、父親は会社員で神経質、母親は専業主婦で几帳面といい、A子が病気になってから、両親が毎日メニューを作成し、きちんと単位（食事の単位）を換算し、その通りの食事を作ってくれるという。給食も母親が事前にチェックし、過不足がある場合は自宅から持参したりすることもよくあるとのことだ。姉はスポーツに長けており、高校にスポーツ推薦されている。一方弟は非常に成績が優秀でもうすぐ中学受験を控えているという。A子はどんな子なのかを尋ねると、「別に」と答えた。その様子はとても自信がなく見え、家族で自分だけが病気であることや、姉や弟にはスポーツや勉強があるのに自分には何もないと感じているのだろうと推察できた。また、両親はA子を非常に心配しているが、逆にそれがA子の負担になっていることも予想できた。

「まだA子のことはよくわからないし、もう少し時間をかけて話を聞きたい」と伝えると、あっさりA子は「いいよ」と了承した。

（4） A子との面接経過

そこで週一回の面接を施行することにした。ところがA子は約束の時間に大幅に遅れてきたり、予約時間が終了しても退室しなかったりして私を困らせ始めた。この行動については、私はA子に「決められた通りにするのがいやなんだね」と伝えた。そして「決められた通りに食事をしたり、インシュリンの注射をするのがいやなのと似ているね」とも伝えた。ある時はハンバーガーを面接室に持参し、食べようとした。このような時、当然「食べちゃ駄目だよ」と言いたくなるが、それでは主治医と同じである。A子はこの行動で私に何を伝えようとしているのかを考えた。そこで、私は「私がなんと言うか、試してるんだね」と伝えた。A子はにやっと笑ったが、いきなりハンバーガーを手でたたきつぶし、壁に投げつけた。

このことから私は、A子は病気であることを受け入れきれず、A子自身が不安になったり、腹が立ったりしている自分の気持ちを持て余しているのだと理解した。そして、予約時間を守らないことからは、言われたことを守ることへの反抗、すなわち発達課題の表（35、36頁）にも示してあったように、思春期の課題である、「親への反発、反抗」の現われだろうと考えた。すなわちインシュリンの多量注射などの行動も同様であるが、管理されることへの反発、主治医から言われた通りの食事や治療をしなければならないことへの反抗（糖尿病の治療は教育入院などの名称があるように、教育的なのである）、親が決めた食事をその通りに食べなければならないことへの反抗であると考えた。しかし、一般的には「親への反発、反抗」は健康な発達課題であるのに、A子は病気があるために、生死をかけた反抗になってしまう悲しさを同時に考えた。

A子は面接で、「どうせ私子どもできないし」とか「もうすぐ目見えなくなるし」などと言うので、合併症の知識を持っているのだと確信した。「A子の年代だと、親に反抗するのが当たり前なのに、みんなと同じことをしているのに、A子は命をかけたことになってしまうからとても辛いね」と伝えてみると、「なんで私だけ病気なの？　なんで私だけ病気になったの？」とA子は泣き始めた。別の回では「なんで私だけ病気なの?」と怒り、面接室の鉛筆立てなどを壁に投げつけ、「自分が病気でもないくせに、注射しろとか食べるなとか先生(主治医)は言いやがって!!」と金切り声をあげた。

このように、A子は自分が病気であることを受け入れがたく、苦しんでいることも言語化していった。私は、病気の治療や食事や運動など言われたことを守ることは、先生のためにやっているのではなく、A子のためなのだと繰り返し伝えた。反抗して身を滅ぼすのは意味がなく、むしろ主治医から得た情報を自分で役立つようにしていくことが大切なのではないか、と自分のために、自分で治療に取り組むという自立した治療となっていくよう働きかけていた。面接の詳細は書き始めるとそれだけで一冊の本になりそうなくらいなので、この辺りで経過をまとめてみる。

(5) その後のA子

このように病気のことを話題にしながら、A子のたびたびある試しにもなんとか耐え、面接は継続していた。病棟は居心地が悪くなってしまったようで、入退院の繰り返しは治まってきた。そこで私はA子は小児科患者であったが、年齢的にも高校生になるときに内科に移ったらどうだろうかと提案した。赤ちゃんや幼児が入院する病棟の中で、身長も体型も立派な中学生であるA子がいることは違和感があったし、小さな時からA子を知っている先生や看護師さんたちは、どこかでA子を子ども扱いしているように思えたからだ。

ところが、A子は中学の卒業式は終わったが、まだ三月中で高校生にはなっていない日に高血糖で入院してきた。吐き続けるA子の横で私は、「高校生になったら内科へ」という約束通りならば、まだ小児科に入院するし、しかし……とこのA子の行動はまた私を困らせた。なぜこの狭間の時期かということを考え、大人になりたいけれど、まだ不安だというこころの現われと理解し、A子にそれを伝え、卒業式が終わっているから内科病棟に入院しようと伝えた。数日して歩けるようになったA子は私にあっかんべえをしてみせたり、カッターで手の平を切ったりしていたが、それでも看護師からは姓で呼ばれるようになり、嫌が応でも少し大人の扱いを受けていた。同じ病室にはⅡ型の糖尿病（いわゆる成人病）の患者さんが数名いるため、お菓子でも出そうものなら、「何やってんの」と叱られてしまう。

このようにA子の居場所である病棟が変化した影響は大きかった。A子はぐんぐん年相応の印象になっていった。主治医は若い男性の先生になり、几帳面すぎないイメージが発達的にも良い影響を与えていた。これは小児科の主治医が親のように思えていたのに対して（このような自分のイメージを相手に映し出すことを、投影という）、内科の主治医はお兄さんのようで、さらにそれほど管理してこないために、親に対するように反抗する必要もなくなったのである。A子は小児科では血糖が変化しやすいからと止められていたテニスのクラブに入りたいと主治医に相談した。内科の主治医は、血糖のことを伝えたうえで、「でもやりたいならやってみたら？　と言ってくれた」とA子はうれしそうに私に語った。

その後高校の自己紹介で病気のことを話そうか迷っていることをA子は語り、私はどうしたかなと心配していたが、「話したよ」と報告してくれた。「意外にみんな優しくしてくれた」。これらの行動からも、A子が自分の病気にきちんと向き合い始めたことを感じていた。部活も頑張ったが、合宿で一年生は全員カルピスの原液飲みというのをやらなければならないことを知り、悩んでいたが、これも部長に相談し、「それならA子だけは特別に、水でいいから一気飲みしろ！　って言われたよ!!」と語った。A子はつまずいていた発達から健康な発達のラインに戻ったようであった。

(6) A子についての解説

さて、このA子の事例を読まれてどのような印象を持たれたであろうか。当初の致死量のインシュリン注射をしたA子の行動を見ていると、もしかしたら人格障害かもしれないなどと思われたりする。決められた食事療法も守ることができず、メチャクチャに食べたりするA子は駄目な患者と思われたりもする。ところが、A子を発達というラインで考えてみると、A子はまったくもって健康な女の子なのである。ここで人格障害だといって薬を出されたりしたのでは、その後の人生はますます自分が理解されないという思いゆえにすさんだものにされてしまったであろう。いかに、表面に現われた行動だけでその人のことを決めつけたり、行動だけで判断してしまうことが、単にレッテルを貼ることにしかならず、無意味かということがわかっていただけただろうか。発達をはじめとした、学問的知識もやはり他者理解には必要である。

A子は病気が発病するということを契機に、発達のハードルを一つなかなか飛び越えられずにいたが、心理療法と環境変化によって、ハードルを飛び越えられたのである。ここで、A子の行動の意味を理解せずに、すなわちなんだかわからないけれど手に負えないから環境調整をして、内科病棟に移していたらどうであろうか。私が前述した経過はたどらない。ここで強調したいのは、A子の行動の背景にあるこころを理解し、その苦しみや怒りに共感し、その後環境調整をしているので、この治療は成功したのである。ただ、外側を動かしても駄目なのである。これと同様のことは、いじめられて転校すれば良いかといえば、そうではないだろう。やはりいじめられた子どものこころを誰かが理解し、こころに触れないと、いくら器を変えたところで、何も解決しない。

このように、他者理解ということは、その行動の背景にあるこころを読み取っていかなければできないのである。

A子の問題行動と同様のハンディキャップの心理を補足すると、現代の介護問題がある。自分で自分の身体が思い通りにならない場合（たとえば、ハンディキャップの方など）、周囲を思い通りに動かそうと躍起になる心性がある。あれ取って、これやってという具合に、周囲を自分の手足のように使うのである。たとえば、これは介護をする場合にも当てはまるのである。命令されているような口調でいいように使われ、わがままな行動言動に、介護者は腹が立ってくるが、それは介護されてる人（被介護者）が思い通りに動けずに腹が立っていることを周囲の人に投げかけている、のである。被介護者の周囲を思い通りに動かす行動は、自分自身が思い通りに動けないことへの腹立ちと、どうにもならない悲しい思いの現われなのだ。どうだろう。そう考えると、わがままな被介護者に対する腹立ちがいくらか収まってこないだろうか。
他者理解は実は、自分のストレスのマネージメントに役立つのである。

【課　題】

- 他者を理解するとはどういうことだろうか。もう一度考えてみよう。
- 発達課題にはどんなものがあるか、年代ごとに復習しよう。

第2章　子どものサイン
――こころの声が聞こえてくる?――

第1章において、行動からその背景にあるこころを読み取るということについて総括的なことを述べた。この章においては、もう少し具体的に子どものサインについて考えてみよう。

1　言葉以外の表現

(1)　サイン

とくに年齢の幼い子どもたちは、言語能力が未発達である。「ぼくは今不安な気持ちです」とか「私は昨日友達に言われた言葉に傷ついたので、学校に行きたくないのです」などとこころや気持ちを言葉で表現してくることはほとんどない。その代わりに、子どもたちは身体の不調や行動でこころを伝

表2-1　子どもからのサイン

身体的サイン	顔色，痩せる，太る，痛みを訴える，リストカット　など
情緒的サイン	すぐに泣く，笑わない，よく笑う，怒りっぽい，落ち込んでいる，高揚する，興奮しやすい，我慢できにくい　など
行動的サイン	話さなくなる，人を避ける，暴力的になる，言葉づかいが変わる，学校を休むようになる，だるそうになる，服装や外見が変化する　など

えてくる。

実は日常的に私たちはこのサインを読み取っているのである。たとえば、人と会った際に、顔色が悪いなとか、元気がないな、と感じ取っているのである。では子どものサインには、どんなことがあるだろうか。**表2−1**に子どもが意識的無意識的に送っているサインを簡単に例示してみる。

この表にある、身体的サインは、観察することにより気づきやすいものである。情緒的サインも気づきやすいが、笑うからといって元気とは限らない。元気がないときに限って、いつもよりはしゃいだり、興奮したりすることもあるので気をつけてほしい。また、行動的サインも気づきやすいが、これはある日突然というよりも、継続した期間において観察できるサインである。そのために、継続的な観察が必要である。

(2)　身体はこころの鏡

このように、子どもたちはさまざまな行動——サイン——でこころを現わしている。学校に行こうと思うと、お腹が痛くなるというようなことである。そして、腹痛を起こしやすい子ども（大人も）は、感情を溜め込み

（便秘にあたる）やすかったり、我慢するがあまりに時々キレてしまって暴言を吐いたり（下痢にあたる）する性格傾向を持つことが多い。これを精神分析では肛門性格という。

または、幼児が父親に強く叱られたあと、指をちゅくちゅくとしゃぶりながら眠ってしまうことをご覧になったことがあると思うが、これも、ショックに対応するためのこころの防衛方法としての身体表現なのである。実は眠りというのは、自分の世界にひきこもるという意味もあるのだ。

（3）日常的なサインと対応の仕方

子どものサインとして、一般的にもよく認知されているのは、赤ちゃん返りである。妹や弟が誕生すると、上の子どもの指しゃぶりやおもらしが復活する。これは明らかに、自分より小さい赤ちゃんができたことへの反応（嫉妬や不安）であり、もっとかまってほしいとか、自分も赤ちゃんになりたいなどの願望の現われである。

このとき、「赤ちゃんじゃないんだから、指なんかしゃぶらないの」とか「もうお兄さん（お姉さん）なのにおかしいよ」などと叱るのはまったくとんちんかんな対応になる。叱るのではなく、「赤ちゃんが二人になっちゃったね」とよしよししてやると、子どもたちは満足し、「赤ちゃんじゃないよ！」などと言ってきたりする。つまり、よしよししてやることにより、子どもの不安を理解していることを伝えているのである。このような対応は難しく感じる方もおられるかもしれないが、これはたとえば模型をいつも前からだけ見ていたのを、横から見てみる、というような視点を変えてみる感じである。ちょっと違う耳で聴いてみるという聴き方を変えるような感覚でやってみるとすぐにできるようになる。

2　サインの読み取り方について

次にこのような、子どものサインをどのように読み取っていくかを論じてみよう。

不登校の事例をこれから提示しようと思うが、不登校の子どもたちのサインに気がつく時期としては、不登校として固定してからというよりは、登校しぶりが始まる頃に多い。逆に言えば、この初期段階でサインに気がついておかないと、子どもたちは気づいてもらえないために、ますます大きなサインを送らなければならなくなってしまう。

（1）【事例】登校しぶりの三事例

〔事例1〕

A子は小学校二年生の女の子である。小学校に入学してからもとくに問題はなく、素直で明るい、どちらかといえば活発な女の子であった。ところが二学期になってから、どことなく元気がなく、時々ぼうっとしていることもあることに担任は気がついていた。とはいえ、担任が声をかけると明るいA子に戻るので、そのままにしていた。

そんな中、具合が悪いという母親からの電話があり、A子は学校を休むことが多くなった。母親からの話によると、A子は、登校時間になると、だるそうになり、「学校に行きたくない」と言うとのことであった。母親はややヒステリックに、学校で何か嫌なことがあったのではないか、と電話で詰問してきたが、担任としてはどうしても思い当たることがなかった。まずはA子に会いたいと思い、担任は家庭訪問をした。母親とも家庭訪問時に話をしたが、一人娘のA子をたいそう心配しており、このような状況に陥らせた担任を非難していた。

A子は担任の訪問をうれしそうにしているように担任には見えたし、いろいろおしゃべりしてくれるので、家庭訪問をした方が良いと考えた。数回家庭訪問をするうちに、A子が語ったことは以下の通りであった。

「先生、この間ね、お父さんとお母さんが夜けんかしてたんだ。昔からよくけんかはしてるんだけど、隠れて聞いてたらね、お母さんがこんな家出ていくって言ってたの。だから学校から帰ってきたときに家にお母さんがいないかもしれないんだ……」と涙を流し、非常に不安そうに語ったのだった。

つまり、このA子の登校しぶりは、両親の不仲、すなわち、自分が学校に行っている間に、母親が出て行ってしまうのではないかという不安があり、おちおち学校には行ってられないということであった。これは言い換えると、不和な両親の仲をA子が必死につなぎ止めているということである。

大人は、子どもが寝静まってから夫婦の会話をしたり、けんかをすることが多い。これは子どもに聞かせたくないことが含まれているからである。ところが、子どもというのは、そういうときになぜか目を覚ましたりして会話を聞いているものである。とくにだんだん成長してくると、ただただ信頼していた両親の別の面を発見するようになる。たとえば、ヘンゼルとグレーテルにおいても、森に捨てようという両親の会話を、前の晩にヘンゼルが聞いていたので、小石やパンを目印にしたのである。

母親がイライラしていたり、大切な一人娘というわりには、父親が登場しないあたりにも、夫婦で力を合わせて娘の登校しぶりに取り組んでいる様子も見られない。

よって、この例は、家庭に原因があり、登校しぶりになっている例である。

〔事例2〕

B男は小学校五年生の男の子である。とくに問題もなく、非常に目立つ訳でもなく、かといっておとなしい訳でもない男の子であった。友人関係も適度に保てており、成績も中の上くらい、家庭もB男の下に弟がいる四人家族で、ごく普通の家庭であった。

このB男が、体調が悪いという理由で学校を休み始めた。母親から、朝起こすと、お腹が痛いなどと体調が悪いことを訴え、布団から出てこないとのことであった。登校時間が過ぎると、起きてきて、いつも通りの食事を取り、テレビを見たり、家族と話したりと平常通りの生活をしているという。担任も母親も原因が思いあたらなかった。

数日欠席が続いたあと、母親から面談希望の電話が担任にあった。そこで、放課後に母親と面談すると、B男が登校しぶりの原因を話してくれたということだった。

休み始めた日の前日、B男は帰宅しようと下駄箱に行った。すると、四人の同級生の男子に囲まれた。ちょうど下駄箱の角のところに立たされ、そこを四人に囲まれたので、どうすることもできずB男はとても怖くなってしまったそうだ。すると四人は、体育の授業中にドッジボールをした際に、B男がC男の指にボールを当てたので治療費が七千二百円かかったからそれを払えということをB男に迫った。たしかにC男にボールを当てたところ、C男は突き指をして保健室に行き、病院にも行ったと聞いていた。目の前にいるC男は指に包帯もしている。「お前がやったんだから責任がある。払え」という言葉が妙に説得力があり、B男は自分が怪我をさせたのだから払わなければいけないのではないかと思ったという。そして「誰にも言うなよ」と最後に言われた頃には、恐怖心と友達を怪我させたという罪悪感でいっぱいになり、ふらふらになってどこをどう歩いて帰ったかも覚えていないという。家族に相談しようとも思ったが、「誰にも言うな」と言われたし、自分のお年玉などをためているお小遣いで支払えないこともないので、黙って払ってしまおうかとも考えたらしい。しかし、何かおかしいと思った母親がいろいろ聞き出したところ、上記を話してくれたという。

これは明らかに学校に原因がある登校しぶりの事例である。自分が意図していないとしても自分の投げたボールで相手が怪我をしたという事実、複数の友達に取り囲まれ迫られたという恐怖感がB男の判断力を鈍らせたことが大きい。また、自分がやったのだから支払わなければと考えること、金額が少額なので払おうと思えば払えてしまうことなどもこの事件を信憑性のあるものにしている。現在ほとんどの地域では小学生までの医療費は無料になっているし、授業中の怪我ならば保険がおりるが、子どもたちはそのことを知らない場合が多い。

〔事例3〕

D子はたいへん優秀で、成績もよく、利発で顔立ちも可愛く、友達もたくさんいる小学六年の女の子である。今までこれといった問題もなく学校生活を送ってきていた。学校行事にも協力的な両親と一人娘のD子が暮らしており、家庭環境も特に問題はない。

そのD子が学校を欠席し始めた。担任も家族もむしろ驚くばかりで、一体D子に何が起きたのか予想もつかなかった。母親の話によると、自宅で入浴に数時間を使ってしまい、疲れ果ててしまうし、表情も暗く、話もしないでいるという。朝も起きられず、学校に行きたくないと言うという。家族も担任もどのようにアプローチしたら良いか方法も尽き、さらに、入浴時には浴室に鍵をかけ、入浴にかける時間がさらに長くなっていくこともあり、強迫神経症*かもしれないと、とうとうD子を児童精神科に連れて行った。D子はむしろ安心したように、臨床心理士との面接に臨んだ。そこでD子が話した内容は以下のようであった。

* 現在はDSM-IVでは、強迫性障害という診断名になっている。強迫性障害は、強迫観念・強迫行為があり、両方を持つ人も多くいる。この事例の場合は、数時間かけて入浴しているということから、この時点では、何回も洗っている・流しても流しても流せていないような気がしているなどの強迫症状が考えられた。

入浴に時間がかかるのは、風呂に入っている訳ではない。脱衣場に数時間いる。脱衣場では、自分がゴミを落としていないかと、くまなく探しているのでどうしても数時間かかってしまうというのである。「ゴミとは?」と質問されるとD子は恥ずかしそうに、「実は最近毛がはえてきた」と答えた。身体に変化が起きてきたが、その毛がうっかり脱衣場に落ちて、父親に気づかれるのが嫌だから、とにかく毛が落ちていないか徹底的に探さないと気がすまないのだと言う。

つまりD子の一見強迫神経症的な症状は、第二次性徴への戸惑いの現われであり、女性になっていくという成長への戸惑いや恐怖、変化していく自分を周囲がどのように受け止めるかという不安などを含んでいた。

この事例は本人に原因がある登校しぶりである。

(2) 事例のまとめ

以上登校しぶりの三事例を提示したが、三事例とも同じ「登校しぶり」という状態を呈しているが、その理由はまったく違っていることをおわかりいただけたと思う。登校しぶりの子どもたちには、家庭訪問をして学校の様子を伝える、友達にプリントを届けてもらうなどのマニュアル的対応が書かれた教科書をよく目にするし、マニュアル的に家庭訪問をしている教員をよく見かけるが、ただ闇雲に家庭訪問などをしても意味がないのである。原因が一人ひとり違うのに、その子どもの登校しぶりについての理解を持たずに解決しようとしても無駄である。それでも家庭訪問を続けているならば、それは自分は努力しているという単なる自己満足の行動にすぎない。

このように、子どものサインを発見し、そのサイン（表面に現われた行動）からその背景にあるこころを読み取る場合には、大きく分類して、①家庭に原因がある場合、②学校に原因がある場合、③本人に原因がある場合について、予想を立ててみると良い。それはたとえていうならば、本人という地図の一地点から、学校生活、家庭環境、本人の性格というように、各情報により地図を広げていくような感覚である。地図が大きくなっていくと、全体が見えてくるものである。

3　子どものサインを理解したあとに

さて、それぞれの子どものサインをある程度理解をすることができたとして、具体的にどのように対応していくかが問題となる。それらについて**2**で提示した事例について考えてみよう。

(1)　三事例への具体的な対応

〔事例1〕

A子の場合は、両親の不仲に原因があったようだ。しかし、皆さんがもし教員だったら、どのようにアプローチするか迷われるのではないだろうか。「お母さん、A子さんのお休みはどうもご両親の仲が悪いかららしいですよ」などとストレートに言う訳にはいかない。そんなことを言ってしまったら、もともと学校に何か原因があるのではないかとヒステリックに言っている母親に火をつけるようなものである。

しかし、A子は学校から帰ってきたら母親がいないかもしれないと、言い換えると、母親が出て行くことが心配で学校に行けないと言っている。ここで注目したいのは、A子は担任の家庭訪問を喜んでいる様子に見えたということである。この場合は、やはり担任が家庭訪問を続け、A子が話してくれた胸の内を聴き、受容していくことが大切である。ここで母親に真実を告げてしまうと、A子は担任にも本当のことを話せなくなってしまう可能性が高いので、この段階では、母親に説明するよりも、まずA子との信頼関係を深めていくことが先決であろう。

〔事例2〕

B男の登校しぶりは、明らかに学校内の問題に起因するサインであった。この場合は、原因除去が必要であり、かなり積極的に教員が対処していく必要がある。言い換えれば、教員が解決するべき原因である。さらに、少額であったとしても、脅すつもりではなかったとしても、この事例は恐喝の事例である。

まず母親から連絡があったのだから、母親から十分B男の話したことをよく聴き、そのうえで、B男に家庭訪問して会うか、放課後などに学校に来てもらい会うか（学校に来れるかどうか）を話し合って決める。いずれにしても担任がB男と会い、直接話を聴いてみることが大切となる。その際、四人の男の子たちに伝わらないことを保証しないと、B男は恐怖のために真実を話せないかもしれないことに留意すべきである。

次に、B男に対しては、C男の怪我は、授業中の出来事であり、故意にした結果ではないことを確認し、支払う必要がないことを伝える。恐怖感が強い場合はスクールカウンセラーなどとの連携も必要となる。

さらに四人から話を聴きたいことの了承をB男にとり、四人から話を聴く。加害者の場合も、まずは言い分を聴くことから始める。なぜならば、いじめの例でも後述するが、加害者こそこころの問題を抱えている場合が多いからである。人に危害を加えるのは悪いことであるが、わざわざそのような行動をするからには、やはり背景があるのである。

この四人の場合は、一人が恐喝をしようと言い始め、二人は面白がって賛同し、当のC男はしたくなかったが断りきれず、引きずられて恐喝に加わったことが明らかになった。

主犯格である男の子を長期的に観察し、非行などに走る傾向などを見過ごさないようにすることも大切である。

学級全体が知っている事件となった場合や金額が大きい場合などは、ホームルームや道徳の時間を使って、学級にも授業内の怪我についてや少額でも恐喝という卑劣な行為となることなど、それを見かけたならば担任に話すように指導していくことも必要となる。

〔事例3〕

D子は、自分の成長、変化を受け入れる戸惑いや葛藤が、登校しぶりというサインとして現われていた。それならば、まずは身体的な成長や変化は、D子の年代に起きる大切な変化であり、喜ばしいことだということを知識も含めて共有することが大切である。これは母親でもよいし、担任が女性ならば担任でもよいし、養護教員でもカウンセラーでもよいであろう。複数の人間がこれらをD子と話すのもよいだろう。とくにD子は父親に知られることを懸念していたのだから、父親はあまり積極的に身体的発達の話題に加わるよりも、むしろ精神的にD子が成長した点などをほめるなどしてかかわる方がよいであろう。セックスなどの知識も持っているのだから、母親から、大切なD子が生まれてきたように、D子も赤ちゃんが産めるようになっているのだ、などと話すことも有効な場合がある。周囲もD子の成長をうれしく思っていることを伝え、成長という変化はしても、D子の本質は変わらず、今までと同じように大切なわが子として受け入れられ、愛されていることを実感できるようにする。しかしこれらを押し付けるのではなく、これらは親や教員の気持ちとして伝え、そのうえで、それでもD子が感じている不安や戸惑いに耳を傾け、理解を進めていくように努力するのである。

実際にD子もそのようなプロセスを踏み、少しずつ入浴の時間数が減り始めた。それと同時に抑鬱《よくうつ》的な暗い表情も減り、もとの利発なD子に戻っていた。

これは、D子が自分に起きた「心身の成長という変化」のハードル（発達課題）をいったんは飛ぶことができずサインを出していたが、周囲の協力および本人の成長により、ハードルを飛び越えることができ、もともとの健康なラインに戻っていったということと理解することができる。

（2） 文字通りの意味の場合

ところが、このようにサイン、言葉や行動からこころを読み取ることばかりを考えていると、やはり陥ってしまう失敗がある。それは、こころだけを考えてしまうと、現実を軽視してしまうこともあるからである。私たちが生きているうえでは、やはり現実がある。その現実とこころの両方を見ていくことが適応的に生きていくうえでは必要なのである。

たとえば、「勉強がわからない」「授業がつまらない」などの学習への言及の場合、もちろん、これまで学んだように、そこにこめられたメッセージを読み取ることが大切である。しかし、そちらばかりに気持ちがとられてしまうと、落とし穴に落ちてしまうのである。

文字通り、授業がつまらなくないか。指導力不足でないか。やはり自らを省みて、事態を検討してみることが必要である。つまり、人のこころを考えるときには、やはりここでも自己を振り返る謙虚さが大切になってくる。そしてそれが現実につながるのである。

第3章　大人のサイン
――見落としがちな保護者のサイン――

第2章において、子どもがさまざまなこころの反応を意識的無意識的に行動または身体症状で表現していることを述べた。これは、大人の場合にも同様のことが言える。この章においては、大人のサインをどのように読み取るとよいかについて考えてみよう。

1　言葉以外の表現
――大人の場合――

(1)　サイン

大人は言語能力が発達しているために、基本的には言語を媒介としたコミュニケーションが軸となる。自分の感じている気持ちを言葉にしたり、他者に対して自分の考えを主張したりすることもできる。そのため、子どもほど行動や身体症状を呈することはない。

しかし、子どものようにストレートな表現をするというよりも、大人の場合はむしろ、言いにくいからこそ遠回しに返答することもあるだろう。たとえば、ランチに誘われたけれど、その人のことは好きじゃないので断りたいが、そうは言えないので「先約があるの」などと言って断ることがあるだろう。それを察してもらえず「じゃあ、次の日曜はいかが?」などと言われてしまうと、困ったことになる。これは意識的にサインを送っている例である。

または、自分の気持ちを抑えたり、我慢したりするうちに、無意識のうちに行動としてこころを現わしていることもある。たとえば、連絡をしなければならない相手に連絡するのをうっかり忘れたりすることがある。申し訳ないことをしたと罪悪感が湧いてくるが、落ち着いてよく考えると、実はその相手のことがあまり好きではなくて連絡を取りたくなかったという気持ちが背景にあったりすることに気がつく。または、行きたくないなと思った会合をうっかり忘れてすっぽかしてしまったという経験がおありの方も多いのではないだろうか。精神分析では、このようなことを失錯行為と呼び、フロイトはここから無意識を発見した。

意識と無意識の間くらいにあることがふと出てしまうこともある。たとえば、普通に会話していたのに、「素敵ね」と言うはずが、なぜか口からは「変ね」と言ってしまったりすることもある。これは、本当は変だと思っている本音がつい口から出てしまうという言い間違いで、失錯行為の一つであり、

表 3-1　大人のサイン

身体的サイン	顔色，瘦せる，太る，痛みを訴える，妊娠する，入院するなど
情緒的サイン	落ち込んでいる，高揚する，興奮しやすい，攻撃的になるなど
行動的サイン（とくに学校内の問題において）	保護者会や個人面談を欠席するようになる，保護者会や個人面談を連絡なく欠席するようになる，提出物の提出が遅れたりまたは忘れたりする，頻繁に連絡がくる，話さなくなる，人を避ける，言葉づかいが変わる，だるそうになる，服装や外見が変化する　など

これも多くある。

このように、私たち大人も、さまざまな行動でこころを現わしているのである。また、言葉通りだけの理解ではなく、言葉をサインとして考えるという、すなわち少しアンテナを広範囲に張るだけで、大人の真意が聞こえてきやすくなる。

表3－1に大人が意識的無意識的に送っているサインを簡単に例示してみる。この本では、いわゆる理不尽な要求をするような保護者についてではなく、ごく一般的な大人のサインについて考えている。とはいえ、モンスターペアレントと呼ばれる保護者だとしても、モンスターになる前の段階でサインに気づくことができると、トラブルも最小限にとどめることができる。

この表にある、サインの観察の仕方は子どもの場合と同様である。身体的サインは、観察することにより気づきやすい。家族はもちろん友人や同僚など顔を合わせる人同士ならば容易に気づくことができる。子どもの保護者となると、滅多に顔を合わせることはないので、身体的サインに直接的に気づく機会は一学期に数回しかないだろう。情緒的サインも、実際に会っている人ならば気づきやすい。

となると、時々しか会わない保護者のサインは、行動的サインがもっとも重要になる。行動的サインは、直接会っていればもちろん気づきやすいが、会っていなくても子どもを通して察することが可能である。たとえば、表に示したように、提出物が未提出になったり、保護者会が欠席がちになったりすることなどからも十分に気づくことが可能なサインである。この表にあるようなことが多発した場合には、何かあったのかな、と考えることが大切である。

(2) 提出物の提出が遅れる、という具体例で考える

では、このような大人のサインを少し具体的に考えてみよう。

たとえば、「提出物の提出が遅れたり、忘れたりする」という行動的サインという具体例で考えてみよう。

最近提出物の提出が遅れたり忘れたりするので、子どもに聞いてみたが、親に渡したと言っている。そこで、一度お話ししたいのですが、と母親を呼び出した。

〔例1〕

親「一体何の呼び出しですか？（と攻撃的な口調）」
担任「最近提出物の提出が遅れたり忘れたりするのですが」
親「それがなにか？」

担任「今まできちんと提出なさっておられたので、何かあったのかと思いまして」

親「ええ、先生はこの間娘との約束を守らなかったことをお忘れですか？（とさらに怒り出した）」

担任「何の約束でしょうか？」

親「何言ってるの！　娘が逆上がりができたから、放課後鉄棒を見てあげると先生はおっしゃったのに、娘は下校時間まで待ったけれど、先生が来なかったと泣きながら帰ってきましたよ。子どもとの約束を忘れるなんて教師失格です。自分のことを棚上げして人のことだけをを責めるなんておかしいわ」

〔例2〕

担任「最近提出物の提出が遅れたり忘れたりするのですが」

親「主人が先月突然病気になり、入院しています。そのため私がパートを始めました。まだ慣れないので、帰宅が夜遅くなってしまうこともあり、子どもとゆっくり話す時間がないのです」

担任「そうでしたか」

〔例3〕

担任「最近提出物の提出が遅れたり忘れたりするのですが」

親　「実は妊娠四か月なんです。つわりがひどいんですよ。いろんなことが億劫で多分子どもから渡されても忘れてしまったんだわ。すみません」
担任「そうでしたか」

〔例1〕は、最近提出物の提出が遅れたり忘れたりするという行動の背景に、教員に対する「不信感」がある例だ。不信感を抱いている教員の指示に従わないという形で、不信や不満を現わしているのである。この会話からすると、かなり意識的に行動していると推察できる。実際に子どもとの約束を忘れたかどうかはケースバイケースであるが、子どもが述べることについての受け取り方が、母親と教員では、かなり異なることがある。教員にとってはちょっとしたことでも、母親にとっては、教員を許せないことである場合も多い。

〔例2〕は、家庭に原因がある場合で、〔例3〕は、母親自身に原因がある場合である。このように、大人の場合も、表面に現われた行動は同じものであっても、原因はそれぞれである。〔例2〕も〔例3〕も、教員が母親に「お母さん、たいへんだったのですね」と共感していけば、母親も頑張って提出物を出そうという気持ちになる。ところが、いきなり、「お母さん、困りますね」と叱責したのでは、親のこころには何も響かない。親が教員に不信感を抱くと、それは子どもに伝わる。つまり、親と教員の関係というのは、子どもに強い影響を与える。〔例1〕のままでは、今後の子どもと教員の関係にも影響を残してしまう。

2　大人のサインの読み取り方について

（1）【事例】幼稚園の困った母親

ある幼稚園の入園式に、非常にファッショナブルで若いきれいなお母さんが、これまた原色を使った七五三のような洋服を着せた男の子を連れてやってきた。年少組に入園するようだ。周囲の親たちの批判的な目も気にせず、それどころかむしろ美しさをアピールするがごとくその若い母親は振る舞っていた。

入園してからも、制服やスモックのないこの幼稚園に、日替わりで紫や赤、青のセーターやズボンをはいた男の子を連れて、雑誌から飛び出してきたような素敵なお母さんが送り迎えをしており、たちまち幼稚園中の噂になっていた。女性とは（男性もだが）若くてきれいで目立つ人間に妬みを向けることがある。当然このお母さんも、ほとんどの母親たちから非難されるようになり、母親のグループにも入れてもらえず（入らなかったのだろうが）一人で行動していることが目につくようになった。このお母さんも、自分を非難する母親たちを軽蔑するような態度を取っていた。次第に先生方においても、母親の洋服はもちろんだが、男の子の服装が幼稚園には不向きのため、眉をひそめるようになっていった。

先生方からの不満がつのり、とうとう園長先生がこのお母さんを呼んで服装についての話をした。

すると「主人は芸能人で、私もモデルだった。うちにはうちの方針がある。うちは個性的に生きることをモットーとしている。だから制服のない幼稚園を選んだ。この幼稚園には何を着てきても良いはずだ」と激しく反論してきた。園長先生も母親の剣幕に驚いてしまった（もし皆さんが教員志望ならば、ここでどう答えるか考えてほしい）。

ある日、男の子がまるで王子様のようなふりふりのブラウスを着て登園してきた。すると年少組の子どもたちが「おうじさまみたい。あははは」とみんなで男の子のことを笑った。たしかに子どもたちの反応は正しいので、先生も軽くたしなめるにとどまった。すると翌朝このお母さんが髪の毛が少し乱れた様子で幼稚園に来て、「うちの子が幼稚園に行きたくないと言っている。どういうことだ！」と文句を言い始めた。男の子はそうは言っても登園していた。そこで、園長先生は担任を呼び、男の子が昨日年少組の子どもたちに笑われたことへの配慮や子どもたちに男の子が傷ついたことを話すよう伝えた。そして、再度お母さんとゆっくり話をすることにした。

さて、このお母さんはどんな人なのか。

皆さんが園長先生ならば、どのようにこのお母さんと話すだろうか。または、皆さんが他の母親たちの中にいたらどのように感じ、どのように行動するだろうか。先に読み進める前に考えてほしい。

まず園長先生はこのお母さんの話をよく聴いた。攻撃的な口調とはいえ、息子のことを一生懸命話す様子からは、この母親なりに懸命に子育てをしているのだろうと思えた。強がって生意気なことを言うが、この日は髪も乱れていて、なんだか文句を言っているが、怖いけれど必死に威嚇《いかく》している子犬がきゃんきゃん泣いているようにさえ見えてきた。それまでと少し違う見守る気持ちで、お母さんの話を傾聴するうちに、園長先生はこのお母さんを温かい気持ちで見ることができるようになっていった。そのうえで、「幼稚園にはたしかに何を着てきても良いと思うし、家庭の方針は自由であり、それについて何かを言うつもりはない。しかし幼稚園は、集団で遊んだり、何かを作ったり、初めての集団生活を体験するところであり、まずは機能的な洋服を着てほしいと思う。たとえば、滑り台をするときに袖がひっかかったりすると怪我をする。粘土をするときにフリルが長いと邪魔になり熱中できない」と幼稚園生活の機能的部分（AとAのコミュニケーション。第4章参照のこと）を説明した。すると、お母さんは「たしかに怪我をすると困るし、危ない」と納得した。

園長先生は次に「お母さんがモットーを持っておられるのは非常に素敵なことだが、まだ三歳の子どもたちにはそれはなかなか難しく、目立つ服装をしていると、それだけで違和感を抱かれて、自然に遊べなくなってしまう可能性もある」と伝えた。するとお母さんはこれにも素直に「確かにそうだ。子どもが仲間はずれになるとかわいそうだ」と答えた。

これ以降この男の子は派手ではあるが、活動しやすい服装に変わった。一般的な教育相談ならこれで十分である。しかし、この本はこの母親を理解したいのであるから、もう少し論を進める。

（2）このお母さんはどうしてこのような行動をとったのか

園長先生はこの後続けて話しかけた。「初めての幼稚園生活はどうですか？　少し慣れましたか？

子どもだけではなく、お母さんも慣れてきましたか？　初めてのお子さんですよね」。するとこのお母さんの目からポロポロと涙がこぼれ始め、糸が切れたように突然泣き出した。すなわち、このお母さんは、本当はとても不安でとても心細い気持ちで張り詰めながら毎日過ごしていたのだ。聞くと、夫は芸能人で忙しく、子育ての相談もできず、お母さんは孤軍奮闘していたのであった。このように母親が素直になれたのは、園長先生が母親の弱い面に気がついたからである。

勝ち気な性格の持ち主はとくにだが、人に弱みを見せることを非常に嫌う人がいる。そのために突っ張って、かえって目立つ洋服を着たり、強い持論を展開したりしたのである。要するに、洋服を着飾ることや攻撃的になることで弱いこころに鎧をつけているのである。

初めての子育ては喜びも大きい一方で、不安や心配だらけである。昔は周囲に実母をはじめとして隣近所の複数の人間がいる多家族時代だったが、現在は核家族化が進んでいるため、日中母親と赤ちゃんがマンションにこもりっきり、という家庭も少なくない。父親、すなわち夫が子育てに協力的であったとしても、仕事があるので限界もある。追いつめられた末に母親が子どもを虐待するということが起きることもよく知られている事態である。そのために地域では、同じ年代の子どもを持つ母親たちが出会えるように母親たちのグループを作るなどの工夫も見られる。

（3）理解したうえでの配慮

園長先生に泣きながら胸の内を話せたお母さんは、涙でお化粧も落ちていたが、すっきりした顔をしていた。

幼稚園は行事も多く、その手伝いを母親がすることが多い。園長先生はこのお母さんを次の運動会の係にすることにした。さらに、園長先生が信頼している母親をこの係のリーダーにし、「初めてだからいろいろ教えてあげてね」と一言付け加えた。

兄弟姉妹皆がその幼稚園出身で、幼稚園行事にも精通しているような、いわゆるベテランママが幼稚園にはいるものである。賢いベテランママは園長先生の思惑を理解したうえで新人ママの世話をやいてくれる。ベテランママにもいくつかのタイプがあり、「上の子のときにはこうだった」などと自分がいかにベテランかを誇示するだけの母親は調和を乱すことが多いので、この場合には適任でない。「運動会の時は、動きやすいパンツで来てね」とベテランママに言われ、このお母さんもパンツで係を務めた。そうこうするうちに、年少の終わり頃には、このお母さんはファッショナブルで目立つことに変わりはないが、とげとげした雰囲気が消え、母親たちと一緒にランチをしたり、お茶を飲んだりするような姿も見られるようになった。

このように母親が集団生活に適応できるようになると、子どもの適応も自然と良くなっていく。とくに幼稚園時代の適応はその後の小学校以降の適応に影響を大きく残すので、この母子にとって、園長先生の判断は大切な配慮になったと考えられる。もし、この母親が鎧を着たまま小学校に入学したことを考えていただくと、より事態がこじれていくことは予想できるだろう。

人を非難することからは何も生まれない。むしろこの母親集団のようにこのお母さんを非難して仲間はずれにしている集団こそが問題とも言えるのである。幼稚園で母親が孤立すれば、必ず子どもも孤立していく。もしこの母親が悪いとしても、集団で一人にかかったのではいじめになってしまう。人を妙に激しくまたはしつこく非難したくなったときには、悪口を言っている自分自身を省みてほしい。これについては第4章で詳しく述べる。

またこのように反抗的であったり、なんだか不快なことをする大人も子どもも、実はその人たちこそが苦しいこころの叫びを発していることが多いのである。

3　教育相談の例を考える

（1）よく耳にする例から考える――給食費未納はどんなサインだろう

一時期ニュースでもよく取り上げられており、現在も起きている問題の一つに、給食費未納の問題がある。ニュースなどでは、夜、先生方が家庭を訪問し、納入を促したりするシーンがよく流されていた。その際その家には意外にも高級車が止められており、「なんだよ、金あるんじゃないか」などとぼやくシーンも放送されていた。

これはどういうことなのだろうか。お金がないので払わないのではないのだろうか。

本当に経済的な理由で支払いができない家庭は、逆にきちんとその旨を学校に連絡したり、または子どものためにはなんとか他を切り詰めて工面して支払っていることがほとんどである。つまり未納の問題の対象となる家庭は、経済的な理由ではないことで支払っていないことが多い。支払えないのではなく、支払わないのである。ではなぜ支払わないのか。

①子どもが請求書を親に渡すのを忘れている。
②うっかり支払いを忘れていた。
③義務教育なのだから支払う必要はないなどの公的な機関への要求。
④学校に不満があり、一銭でも支払いたくないという意志表示。
⑤倫理観を持ち合わせないため、支払わないことに疑問を感じない。

などが一般的な可能性として考えられる。未納だと思い、「なぜ支払わないのか！」と意気込んで親に連絡をしたところ、親は何も知らなかったなどという①のような展開にならないようにすることも大切である。②の場合は、無意識的に忘れていたのだから、ここにはなにがしかの意味が含まれていると考える。多くの場合は、学校や教員に対するネガティブな気持ちであろう。③の場合は直接的に学校や教員への攻撃ではない。むしろ、意志を持って支払わない場合も含まれてくる。または、非常に未熟で、義務教育なのになんで月謝や給食費を支払うのだ、という義務と権利をごちゃまぜにしている人たちも含まれてくる。⑤は④の未熟な人たちと似ているが、学校にお金をなぜ支払うのだという倫理観が欠如して育ってきた人たちもいる。いずれの場合にしても、支払わなくても、子どもに給食を与えないということは成されないとわかっているので支払わないのである。

（2） この例への対応の仕方

ここまでに述べたように、「支払わない」という行動をサインとして読み取ったとしても、その後どうするかが難しいことが多い。ここでは簡単にこの例への対応の仕方をまとめておく。

まず教育相談としてこの問題を解決するならば、担任がお金を回収しようとすることが間違いである。役割分担、連携と言われているのだから、この問題こそ、経理や事務の担当者が家庭訪問すべきである。こうするだけで、家庭から担任へ、担任から家庭への個人的感情をなくすことができる。たとえば、よくあるトラブルで「遠足の写真の枚数」がある。これはどういうトラブルかというと、「うちの子の写真は二枚しかないのに、○○ちゃんは六枚もある。先生はひいき（差別）するのか！」というようなクレームである。これも担任が撮るからこのようなクレームが出るのである。これが依頼したカメラマンさんが撮影したならば、子どもとの個人的関係がないのでたとえ枚数にばらつきがあってもここまで保護者は感情的にならない。もっとも、現在はデジカメの時代なので、枚数をほぼ平均的にするようにしてから公表すればよいだけなのだが。

話を元に戻すが、「払わない」という行動は、当然拒絶・拒否の意味を含んでいる。たとえば、わが子がいじめられたときの担任や学校の対応が不十分であり、気に食わないという思いが残っている家庭は、学校への支払いを拒否するという形で、意識的にしても無意識だとしてもその不満を伝えてくることもある。先に挙げた写真の枚数の不満などがある家族も、「払わない」ことで教員を困らせたくなったりする。

しかし、このような事態が生じたときに、教員側が、あの家庭はモンスターペアレントだと騒いだり、教員同士が傷をなめ合ったりするような馬鹿らしいことをするのでは、単なる愚かな集団になってしまう。このような事態の中で、すなわち、大人がお互いの批判や非難を行動で繰り返す中で（騒ぐだけで直接的に問題、不満などについて言及していない）、子どもが被害者になってしまうことがある。よく経験するのは、子どもが給食を食べなくなるということだ。子どもに尋ねると「だって、お金払ってないんでしょ」と答えてきたりする。子どもは第**2**章でも述べたように大人のことをよく知っている。そのために、親が感じるべき罪悪感を子どもの方が感じて、まともな反応をしてくるのである。

このような子どもが犠牲になるような事態が起きないようにしなければならない。

そのためには、やはりこの「支払わない」という行動を理解していく必要がある。払え、払わないの押し問答を繰り返しても無駄である。教育相談は無駄なこと（徒労に終わること）をしないということが基本だと私は考えている。ならば、なぜ支払わないのか、と複数の教員で考えるのである。そのためには、まず情報が必要である。

①給食費のお知らせが親の手に渡っているかどうか。

②兄弟姉妹がいる場合、全員支払われていないのか。
③その他の納入金についてはどうなっているか。
④最近の家庭状況はどうか（父親の仕事関係、母親が専業主婦か、子どもが増えたり、介護が発生したりしていないかなど）。
⑤学校とのトラブルがないか。

など、複数の教員で子どもや家庭についてまず情報を収集してみる。なぜ複数が良いかというと、主観的になる可能性を低くするためである。

現実的な理由がある場合には、それを解決できる方法を共に探す。しかしたとえば、⑤の学校とのトラブルがある場合にはなかなか解決は難しい。わが子がいじめにあっているのに、先生が何もしてくれていないと感じている親は、先生が「払ってください」と言えば言うほど払いたくなくなる。この場合は、給食費未納に限定せずに、教員と親との信頼関係から見直していく必要がある。逆に言えば、信頼関係がなく、不信感を抱いている相手とのコミュニケーションは何をしてもかなり無駄（徒労に終わること）になることが多い。

上記のように複数の教員で「支払わない」という行動への理解を深め、それぞれのケースへの的確で適切な対応方法を選択できるようにしたい。そして、前述したように、役割分担を活用していくことが大切である。

（3）未納問題の時代的背景

この未納問題が多発し始めたのは、実は振り込みを利用するようになってからである。集金のように人と顔を合わせての支払いは拒否しにくいこともあり、回収率は高かった。現在でも地域によっては、ＰＴＡの方が担当分を集めるという方法をとっておられ、そちらの回収率は一〇〇パーセントだそうだ。ところが、機械相手でさらに会話もない振り込みの方法では、罪悪感も高まらずに振り込み拒否することができる。

一方、集金の時代にも欠点はあり、集金袋で子どもに持参させる場合、必ずお金を持っていることがわかっているので、取り上げる、盗むなどのいじめや、または本人が使ってしまうなどということもあったのである。どの方法も一長一短、やはり役割分担をして、それぞれの役割がその役割を遂行することが一番感情を刺激せずに解決に進むといえる。

【課　題】

- 大人の行動もサインとして考えることができるのか？
- 学校内における保護者のサインと考えられる行動にはどんなものがあったか？

第4章　人間みな自分色の色眼鏡をかけている

ここまでの章では、他者を理解するということを軸に考えてきた。他者理解の際に、もう一つ非常に大きな要素がある。それは、私たち誰もが知らないうちにかけている色眼鏡（主観）である。この章では自分の主観について考えてみよう。

1　自分色の色眼鏡

（1）**気づかない色眼鏡**

同じ事柄について、人によって捉え方感じ方が異なることは皆さんご存知の通りである。身近でわかりやすいたとえとしては、人の年齢がある。「あの人はおいくつかしら?」という話題はそここでよく耳にする。「五十くらいかしら？」「もっと老けてるんじゃない？　五十五くらい？」「老けて見えるけど、肌がつやつやしてるから実は三十代後半じゃない？」という具合である。これはまさに、自分の色眼鏡を通して相手を見ている、すなわち年齢不詳の相手に自分の主観を投影（映し出すこと）しているのである。

別のたとえとしては、事故や事件が起きたときがある。たとえば、電車の遅延事故が起きたときに、「最近のJR（小田急だったりメトロだったりするが）はなってない!!」と激怒する人や、一体どのくらいの時間で回復するのかを知りたくて駅員に聞きに急ぐ人もいれば、ニュースのテレビ中継に映りたくて画面でピースサインを送ってくる人もいる。

このように捉え方感じ方は個人個人で異なり、それはその人の性格や環境、それまで生きてきた歴史に規定されている。

さらに厄介なことに、この色眼鏡は自我親和的（違和感がない）であり、かけていることになかなか気づけないのである。つまり、自分の主観的な部分に気づくことはとても難しく、人から指摘されたとしても受け入れがたいものなのである。たとえば、先程の年齢の例には、「老けてるんじゃない？」と人を批判的に見がちな人、「肌がつやつや」と好意的に見がちな人、「肌がつやつや」と妬みを持って人を見がちな人……などがあるが、「あなたはいつも人を悪く見ていて、本当は劣等感の固まりなのですね」などと色眼鏡を指摘されたりすれば、非常に気を悪くしたり、立腹したり、とんでもないと否定したりするだろう。このように、自らの主観に気づくことは非常に難しい。今述べたように、主観というものには、自分の見たくないことも含まれており、自分で無意識に是認しているから気づかないのである。ましてや、主観の強い人にかぎって、自分の主観には気づかないものである。本来は精神分析を受けて、自分について考える時間を持ち、何年かの日々をかけて自分を知ることがそれに適している。

日常生活場面においては、ある程度の主観があることはなんら支障はない。むしろそれぞれの個性や主張を楽しむこともできる。ところが、そのような場で強すぎる主観を持っていると、対人関係が困難になり、いつも同じようなトラブルに巻き込まれる（自ら飛び込んでいる）ようになる。そして、公の場面では強すぎる主観は、他者をも違う色に変えて見えてしまうために、危険が伴うのである。

（2） 例を挙げて考える

では、その色眼鏡の色が濃すぎるとどんなことが起きるのかを考えてみよう。

〔例1〕

自分の上司である男性に注意されるたびに気が重くなり、その上司のことが怖くなってしまったりする人もいる。ついには上司の顔を見るだけで冷や汗が出てきて、これが高じると会社に行かれなくなる日もある。ところが、同じ上司の下で働く仲間の部下たちはとくにその上司を怖いとは感じていないようである。
十人中多数の部下が「その上司は怖い」というのならば、上司の側に問題があると考える方が妥当である。しかしこの例のように、この人だけが強く恐怖感を感じるのならば、上司を自分の濃い色眼鏡を通して見ていると考えるのが妥当である。

〔例2〕
忘れ物をしょっちゅうする子どもがいたとする。非常に几帳面なA先生が担任を受け持つと、その子どもは自分と違いしょっちゅう忘れ物をしてくるので、気になり、しょっちゅう注意する。この場合、自分が几帳面ということには気づかず、子どもが忘れ物をするから注意するという意識がある。ところが、ルーズなB先生が担任となると、自分と似ている子どもの忘れ物はたいして気にならず、時々しか注意をしない。
「子どもの忘れ物」という同じ行為について、担任により違う受け取り方をしている例である。この子どもにしてみれば、なんだかわからないけど、A先生は恐い先生で、B先生は恐くない先生という認識しか残らず、忘れ物が改善するどころか、これでは子どもが混乱してしまう。やはり教員ならば、主観に振り回されず、ある程度の一貫性を持った指導をしてほしいものである。
では、次の節で、気づきにくいとはいえ、少し立ち止まって、私たちの主観や私たちの気づいていない自分の性格やものの見方を、内省して客観的に捉えてみよう。立ち止まって客観的になろうとすることで、多少なりとも見えてくるものがある、というのがこの章での試みである。では、客観的に見るための方法として交流分析を学ぶことにしよう。

2　交流について

（1）交流分析（Transactional Analysis）のPAC

交流分析は、アメリカの精神科医エリック・バーン（E. Berne）によって一九五七年に提唱された理論である。精神分析の口語版と言われることもあり、非常にわかりやすく利用しやすい。日本においては、九州大学医学部心療内科が最初に研究を始め、故池見酉次郎先生がTransactional Analysisを交流分析と訳し、日本に広めた。病院だけではなく、企業の採用試験や会社員のメンタルヘルスには早期から広く用いられている。交流分析の概念を基に作成された心理検査エゴグラムもさまざまな分野で使用されている。女性の読者の多い雑誌の巻末などに心理テストとして出ていることも多いので、読者の方の中には見たことややってみたことのある方がおられるだろう。

交流分析では、人は心の中に三つの自我を持っていると考え、それぞれをP（Parent）親の自我状態、A（Adult）大人の自我状態、C（Child）子どもの自我状態と名付けている。私たちの中の三つの自分とでも考えるとよいだろう（**図4－1参照**）。

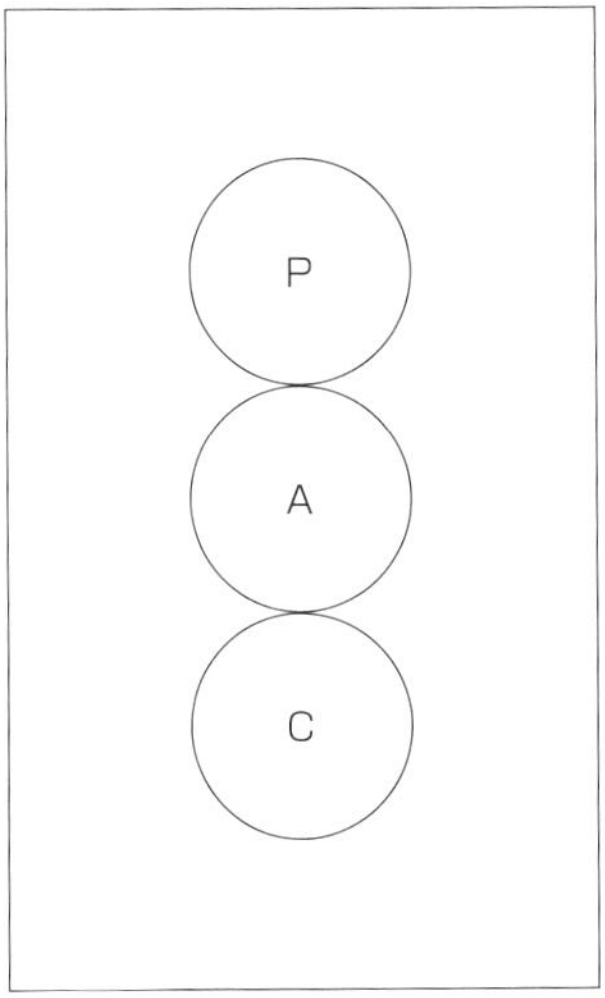

図 4-1　交流分析の PAC

P：親の自我状態は、主として父母から受け継ぐような、価値観や道徳、規範を守る態度や、人の世話をしたり思いやりを持ったりする面である。

A：大人の自我状態は、現実を現実のままに受け止め、客観的に判断する面である。

C：子どもの自我状態は、天真爛漫な部分と周囲との協調性を現わす面である。

冒頭の例で考えると、電車の遅延事故が起きたときに、

P：「最近のＪＲ（小田急だったりメトロだったりするが）はなってない!!」と激怒する人。

A：一体どのくらいの時間で回復するのかを知りたくて駅員に聞きに急ぐ人。

C：ニュースのテレビ中継に移りたくて画面でピースサインを送ってくる人。

と分類できる。

皆さんもよくご存じのテレビ番組に「朝ズバ」というのがあるだろう。あの番組を見ていただくと

このPACがよくわかる。まず、番組の進行をつとめるサブ司会のような女性がいる。この女性は三因子のうちどれに当たるだろうか。Aである。時間という現実的なことで動くからである。そして、事件や事柄について解説するゲストはどれに当たるだろうか。Pである。大人としての意見や批評をするからである。そして、ズバッと言うみのさんはどれに当たるだろうか。Cである。皆さんの本音をズバッと言ってくれるのである。すなわち、皆さんの中にある三因子をこの番組は代弁してくれる訳であるから、見ていて面白く、長寿番組になるのである。もし、Pばかりの意見で構成された番組であれば私たちの中のCがむくむくと動きだし、「何だそんな形式的なことばかり言って！　そんな体裁のいいことばかりじゃない！」とCが欲求不満になる。逆にみのさんだけがずばずば言い続けたならば、私たちのPがむくむくと動き出し、「そんなに世の中甘くない。もっとしっかりしろ」などと思うのである。おそらく「朝ズバ」にしても過去にあった「ニュースステーション」であっても、長寿番組は、ちょうど良いタイミングで視聴者のPやCを出してくるので、見ている人も満足するのである。そしてちょうど良いタイミングでAを出してきて、その話題を切って次に進むため、だらだらと引きずらなくてすむので視聴者は楽になる。

では読者の皆さんに考えてほしい。今地震が起きたとしよう。皆さんはどのような考えが浮かぶだろうか。

危機状況において、私たちの一番強い自我が作動するものである。今皆さんに浮かんだ考えが、皆さんの中で作動しやすい三因子の中のどれかを把握してほしい。

（２）エゴグラムをやってみよう

簡単に自分を知るためには、心理検査（心理テスト）が便利である。性格を知るための心理検査には、質問紙法と投影法がある。質問紙法は、はい、いいえで答えられる形式である。一方投影法は、ロールシャッハ・テストが代表的であるが、図版などに自分のこころを投影する方法である。当然質問紙法は、短時間で施行できる利点があるが、質問者の意図も見えるので意識的に修正することもできてしまう。たとえば「あなたは几帳面ですか?」と聞かれた場合、はいと答えた方がよさそうであると考え、はいに○をしたりする人もいる。または、他者からみると、協調性がまったくない人なのに、本人は協調性満点と思っているために、テスト結果も満点と出たりすることが質問紙法ではよくある。よってエゴグラムからは、意識の水準のことが見えてくる。これに対して投影法は、無意識の水準のことが理解できる。

皆さんも実際にやってみるとわかると思うが、質問紙法の場合、回答するときに迷いが生じる。これは、会社、家庭、一人でいるときなど場面の違いにより私たちは変化するから、どれを答えようか迷うからである。今回皆さんが答えたテスト結果に現われるのは、今の皆さんである。よって場面の違い、時間の経過により、結果は変化するもので、普遍的なものではない。とはいえ、客観的に自分を見つめるという作業により得られるものは大きい。

ともかく、エゴグラムの一部をやってみよう。以下の問いに、はい、いいえ、どちらでもない、で答えてみてほしい（杉田峰康『交流分析』（日本文化科学社、一九八五年）を参考に、筆者が作成したもの）。

①あなたは規則を守ることに厳しい方ですか？
②何事もやり出したら最後までやらないと気がすみませんか？
③責任感が強いですか？
④……しなくてはいけないとよく口にしますか？
⑤時間やお金にルーズなことが嫌いですか？
CP：　点（はい2点、いいえ0点、どちらでもない1点）

⑥頼まれたらたいていのことは引き受けますか？
⑦他人の世話をするのが好きな方ですか？
⑧他人の短所よりも長所を見るほうですか？
⑨人の失敗に寛大ですか？
⑩あなたは思いやりがある方だと思いますか？
NP：　点

⑪あなたは感情的というより理性的ですか？
⑫仕事は能率的に片付けますか？

⑬結果を予測して行動しますか？
⑭何かをするとき、自分にとって損か得かを考えますか？
⑮身体の調子がよくないときは、自重して無理を避けますか？

Ａ：　点

⑯うれしいときや悲しいときに、すぐに顔や動作に表わしますか？
⑰あなたはよく冗談を言いますか？
⑱子どもがふざけたり、はしゃいだりするのを放っておけますか？
⑲マンガの本や週刊誌を読んで楽しめますか？
⑳わあ、すごいなどの感嘆詞をよく使いますか？

ＦＣ：　点

㉑あなたは遠慮がちで消極的なほうですか？
㉒思ったことを言えずあとから後悔することがよくありますか？
㉓無理をしてでも人からよく思われようと努める方ですか？
㉔他人の顔色を見て行動する方ですか？
㉕自分の考えよりも、親や人の考えに影響を受けやすい方ですか？

ＡＣ：　点

以上五因子を採点してみて、自分の一番高い因子、低い因子を把握してみよう。

（3）エゴグラムの五因子

（1）で学んだＰＡＣをさらに五因子にして考えるのがエゴグラムである。エゴグラムの代表的なものには東大式エゴグラム（ＴＥＧ）などがある。短時間で施行できるため、外来などで使用されることが多い。

では五因子を見ていこう（図4－2参照）。これも自分の中の五つの自分と考えるとわかりやすい。

ＣＰ：Critical Parent　批判的な親
ＮＰ：Nurturing Parent　養育的な親
Ａ　：Adult　大人
ＦＣ：Free Child　自由な子ども
ＡＣ：Adapted Child　順応した子ども

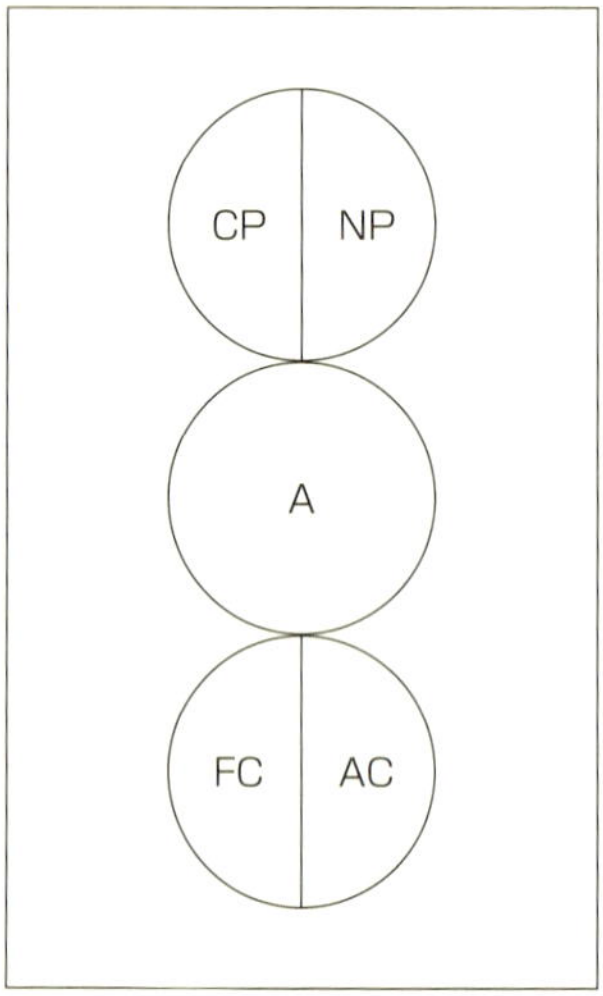

図 4-2　エゴグラムの 5 因子

CPは、社会における道徳や規範を重んじる、責任感があるといった、主として父親から引き継ぐ部分である。……すべきだなどの表現をよく使う完全主義的な考え方をする。

NPは、人の面倒を見る、世話をするといった、主として母親から引き継ぐ部分である。弟や妹のいる人は知らないうちに高くなっていることも多い。たとえば、看護師などの職業の人はNPが高い方が適している。

このPのうちの二因子は、父性と母性と言い換えることもできる。序章でも述べたが、生徒指導と教育相談は「教育の両輪」と言われる。「教育の両輪」と言われてもよくわからないが、わかりやすくいうと、私たちの中にある父性と母性を時と場合によってそれぞれを発揮させることなのである。つまり、CPやNPを時と場合によって使い分けることである。または個人でなくとも、役割分担をして父性CPを校長先生や学年主任などが担い、母性NPを養護教諭や担任が担う場合もあるだろう。いずれにしても厳しく道徳や規範を説く場合もあれば、やさしく見守る場合もあることを、教員（大人）は双方をできる方が望ましい。

Aは、先程説明したAと同じである。すなわち、現実的客観的に物事を判断するという部分である。学生の場合も社会人の場合も、Aは高い方が良い。これは締め切りを守るなどの側面と感情を交えずに対処するので周囲と揉めにくいという側面からの理由による。

FCは子どもの中でも天真爛漫《てんしんらんまん》な部分を見る。うれしいことはうれしい、楽しいことは楽しい、悲しいことは悲しいと感じるこころである。このFCは私たち自身に非常に大切な因子である。なぜかというと、ストレスを発散する部分だからである。会社や雇い主側から言うと、遊ばずに真面目に働いてくれる人間がほしい。よってCPとAが高くてFCの低い人を採用したい。ところが、CPとAが高くてFCが低いと、本人にはストレスがたまりやすい。社員だから働かなくてはと考え、そして締め切りを守り、遊ばず働いていると、突然胃に穴があいて吐血したりするくらい疲れていることもあるのだ。よって、私たちはほどほどのFCを持っていることが望ましい。

ACは、協調性を見る部分である。周囲に合わせるなどの力を見る。しかしこれには人の顔色を窺うという側面も入ってくる。つまりACの高い人はいわゆるいい子ちゃんであり、みんなの手を挙げているから私も挙げておこうというような感じである。

先に挙げた電車遅延の件でいうならば、

CP：遅れるなんてJRはなってない！
NP：電車が遅れてあの小学生大丈夫かしら。
A　：何分遅れるのだろう？
FC：やんなっちゃうなあ。
AC：みんなどうするのかな？　このまま待つのかな？　乗り換えるのかな？

先程皆さんに考えていただいた地震が起きた例を思い出してほしい。

CP：みんな！　机の下に入るんだ！
NP：慌てずに行動しましょう！
A　：震度いくつだろう？
FC：わあ、地震だ！　怖いよお。
AC：みんなどうしてるのかな？　机の下に入った方がいい？

ここまでで、五因子がそれぞれ何を示すのかおよそ理解していただけただろうか。エゴグラムの考え方は、高ければよい、低ければ駄目だということではない。むしろ、セルフコントロールの意味合いがあり、自分を知ることに主眼が置かれている。よって、自分では五因子のそれぞれがどうなっているのだろう、と知ることが大切なのである。強いて言えば、エゴグラムというものは低いものは高くしましょうという考えなので、自分の中で一番低いものは、意識して高くする必要がある。

ところがFCの低い人に、趣味のゴルフをしてください、と言うと、翌週会うときには筋肉痛になるほどゴルフを一生懸命してきてくれたりする。これはFCでゴルフをしたのではなく、言われたことは守らなくてはならないというCPでゴルフをしたのであり、CPは高まったが、FCは高まっていない。つまりゴルフをして、ますますストレスが溜まってしまったのである。

ＦＣについて簡単に高くする方法を述べると、人間の五感を発揮させることである。会社や学校に行く道中に、ああきれいな空だな、花が咲き始めたな、葉が赤や黄色に染まり始めたな、お昼ご飯がおいしいな、今日は涼しいな、と言った具合である。日常生活において、自分が感じる気持ちをそのままに感じるということが実は簡単にＦＣを高めることになる。

（4） 五因子からの発言の影響

私たち大人が何気なく子どもたちに語りかける言葉にも主観は影響している。それぞれの因子が子どもに与える影響を考えてみよう。

子どもたちに接する大人のＣＰが高い場合、子どものＡＣを刺激してしまうことが多い。すなわち上からものを言うと、それに従うという主従関係になる。ＣＰから発言しやすい先生や母親と一緒にいると、子どもたちは、

- 従わなければならない。
- 上からものを言われている。
- わかってくれない。
- 怖い。
- 反抗したい。

などと感じる。そしてそれが続くと子どもたちのこころはその影響を強く受け、以下のような傾向となる。

- 劣等感を抱く。
- 萎縮する。
- 自分は駄目なんだと自己肯定感が低くなる。
- 周囲の反応や顔色を窺う。
- 反抗的になる。

などである。

次に子どもに接する大人側のＮＰが高い場合は、子どものＦＣを刺激することが多い。これは母親がやさしくすると子どもがリラックスするという関係である。ＮＰから発言しやすい先生や母親と一緒にいると子どもたちは、

- リラックスする。
- 優しくされている。

- 安心する。
- 大切にされている。
- いたわられている。

などと感じる。そしてそれが継続的に子どもたちのこころに与える影響の結果、子どもたちは、

- 自己肯定感が高まる。
- 自信を持つ。
- やる気がでる。
- 依存的になり、自主性が育たない。
- 従順になる。

などの影響が出てくる。

次に子どもに接する大人側のAが高い場合は、子どものAを刺激することが多い。これは当然現実的なことには現実的なことで答えることになるので、冷静に話すことができる。しかし、情緒的なことを話しにくいので、その話題だけで終わってしまって、それ以外のものが話される可能性も低くなってしまう。Aから発言しやすい先生や母親と一緒にいると子どもたちは、

・真面目だな。
・冷たいな。
・確かにそうだな。
・こっちもきちんと考えよう。

などと感じる。そしてそれが継続的になると子どもたちのこころには、

・冷静。
・現実主義。
・真面目。

などの傾向が育つ。

次に子どもに接する大人側のＦＣが高い場合は、子どものＦＣを刺激することが多い。天真爛漫な楽しい交流は、子どもものびのびと楽しめるようになる。ＦＣから発言しやすい先生や母親と一緒にいると子どもたちは、

- 楽しい、うれしい。
- 自然だ。
- 一緒に遊びたい。
- やってみたい。

などと感じる。そしてそれが継続的になると子どもたちのこころに与える影響の結果、子どもたちには、

- 自己肯定感が高まる。
- のびのび。
- 積極的。
- 仲間と楽しめる。

などの傾向が見られる。

よって、子どもたちにかかわる人間が無意識に発する主観によって、子どもたちのこころの在り方や自己肯定感が変わってくる。やはり子どもたちにかかわる人間は、五因子を使い分けたり、子どもの自己肯定感を高めるような接し方を意識的にしていくことが必要である。そのためには、自分の主

観を知ることが必要なのである。

（5）対人交流・コミュニケーション

さて、交流分析の因子については学んだが、他者とのコミュニケーションの際には、図4－3のように二者間で交流が行なわれる。

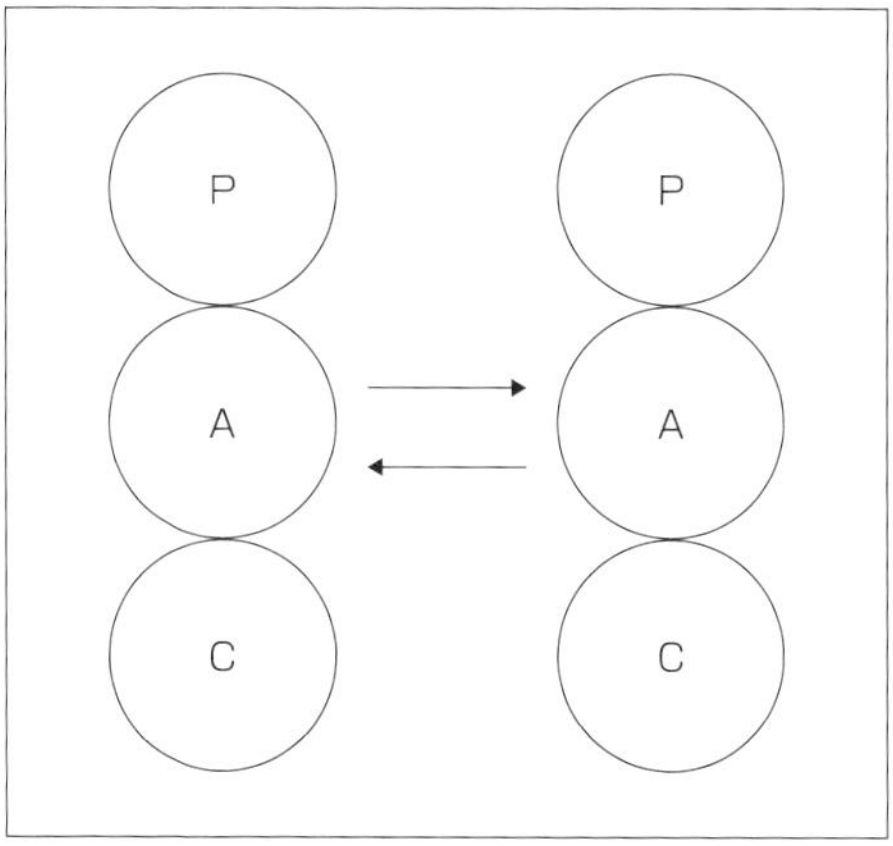

図 4-3　A対Aの相補的交流

とくにこじれそうな相手とのコミュニケーションの場合、図に示したように、A対Aのコミュニケーション（相補的交流）をすることが非常に大切である。たとえば、「このテキストは勉強になりますか？」「はい、指定テキストなので、この授業にはこのテキストの勉強が必要です」というのはAとAの交流である。

これが、「このテキストは勉強になりますか？」「私の言うことを信用して言う通りにすれば良いのです」となるとA対Pの交流になる。ここに「ちゃんと勉強していますね？（いつも勉強してないけれど大丈夫ですね？）」「（おどおどしながら）はい、しています（私は信用されていない）」と裏側に別のメッセージがあるとこれを裏面的交流と呼んでいる。

教員は指導する立場にあることから、ともするとPからの発言が多くなる。そのうえ本来の皆さん自身のPが強いとなると、かなりPからの発言が多くなることが予想される（図4－4参照）。トラブルを引き起こすようなクレームを言ってくる父母はCからの発言の場合が多い（図4－4参照）ので、そこにPから発言するとなると、トラブルが生じやすくなる。クレームであっても、相手が何を言いたいのかを的確に把握し（他者理解をし）、その客観的事実にまずは現実的にコミットしていくことが大切なのである。もめそうな事例（相手）とのコミュニケーションの際は**図4－3**のようなコミュニケーションに持ち込むように意識することが大切である。

一方親子関係でよく見られる交流パターンには、心理学でダブルバインドと呼ばれるものがある。裏面的交流と呼ばれるもので、表のコミュニケーションは普通に成されるが、裏のメッセージが含まれているために、受け取り側は混乱するというものである。

たとえば、親が子どもに「おいで」と言う場合、裏には「子どもなんて嫌いだ、来るな」というメッセージが含まれていることがある（無意識のことも多い（図4－5参照））。

この場合、子どもは親の裏のメッセージを感じ取り、そばに行かなくても叱られ、言葉通りそばに行くと、いきなり親がトイレに行くなどして無視されるなど、どちらをしても結局拒絶される結果に終わる。

いずれにしても、交流分析を学び始めた初歩のうちは、まず自分の中の強い因子（強い自分）を把

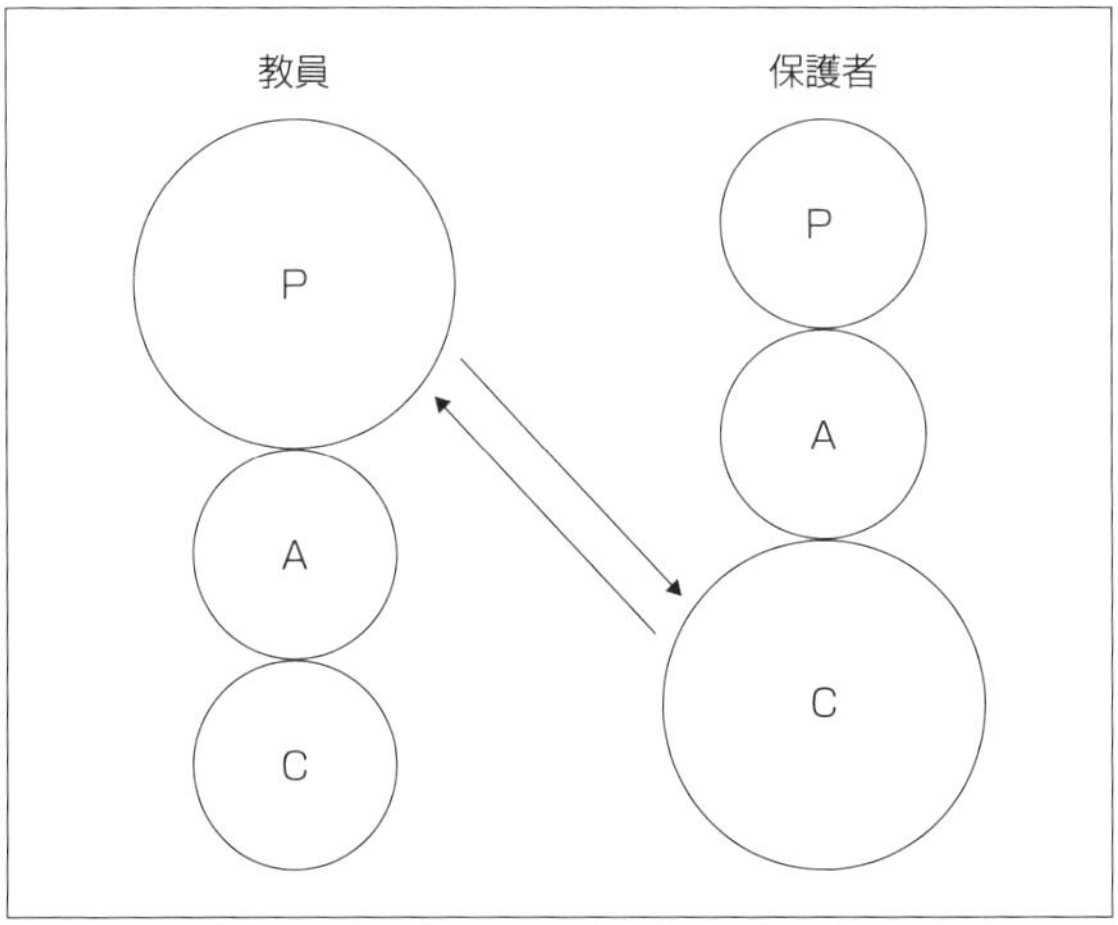

図 4-4　教員と保護者に生じやすいＰ対Ｃの交流

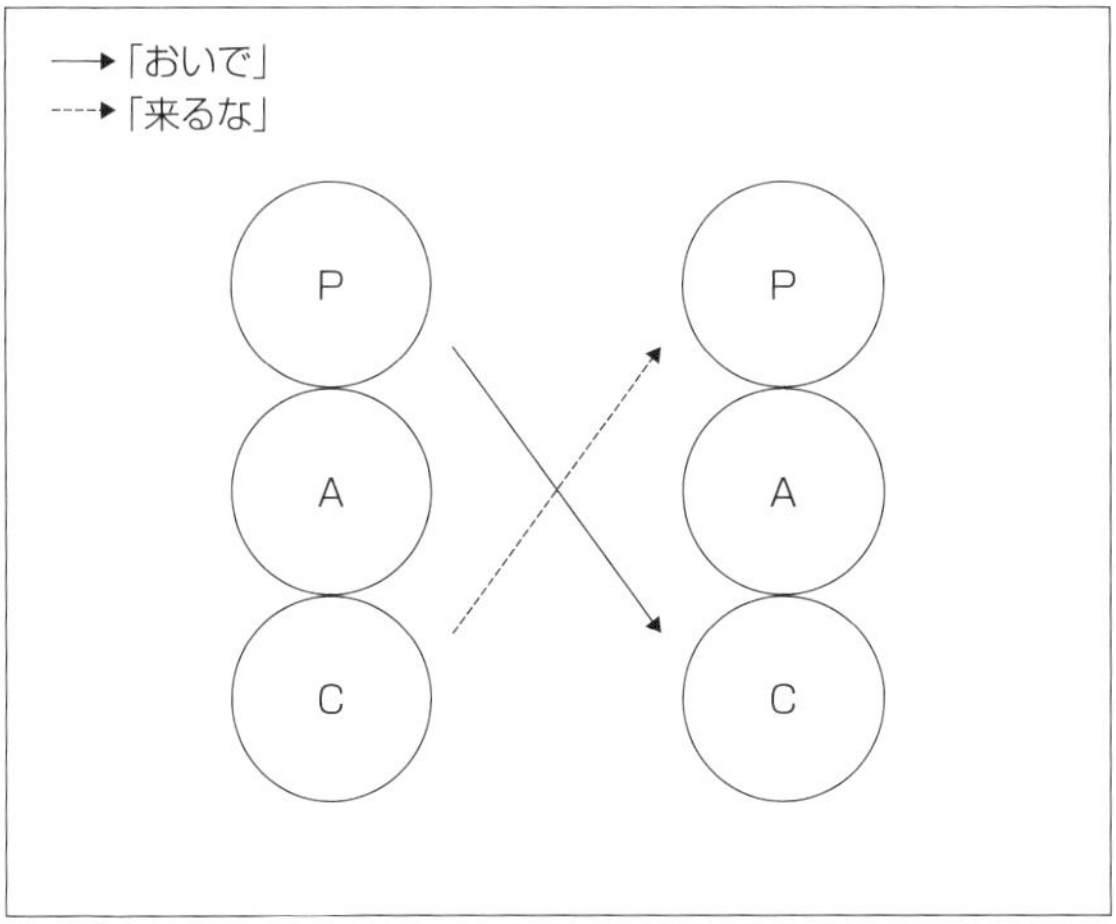

図 4-5　ダブルバインド（裏面的交流）の例

握し、揉め事が起き始めたらまずは相補交流に持ち込むことが大切である。

3　事例を通して学ぶ

(1)【事例】長男だけがかわいく思えないAさん

Aさんは、男の子三人の母親である。長男は中学二年生、次男は小学六年生、三男は小学二年生で、心身ともに健康に育っている。夫との夫婦関係もうまくいっているごく普通の家庭の主婦である。そして、三人の息子たちも、どの子もかわいく、分け隔てなく育ててきた。ところが、Aさんにはずっとこころの重荷となっている悩みがある。自分でもどうしてだかわからないのだが、長男だけがどうしてもかわいくない、どころか疎ましく思ってしまうことがあるのだ。幼少期の頃はそんなに意識しなかったのだが、次男が生まれた頃から、つい次男の方を先に世話してしまったり、中学生になってからは長男が歩いている姿を見るだけで嫌悪感を感じてしまうこともあるという。Aさんは実の母親なのにそのように感じる自分に強い罪悪感を抱き、しかし夫にもまさかそんなことを話すこともできず、鬱々とする日々が続き、とうとう心療内科を受診するに至った。

心理療法を勧められたAさんは、少しずつ長男の印象を語り始めた。長男は勉強もよくでき、思いやりもあり、サッカーを熱心にしている、明るい優等生らしい。Aさんにも優しい気遣いをしてくれ、反抗的になったりすることもない。さらに夫やAさんの両親（祖父母）からもかわいがられ、いつも褒められている。一方次男、三男は長男ほど成績もよくはないし、わがままも言うが、嫌悪感を感じることはまったくないという。

次にAさんの実家のことを聞いてみた。両親のもとに兄とAさんの四人家族で育ったという。兄はやはり成績も良く、野球の選手で、両親の自慢の息子だったという。そういう兄に隠れて、Aさんはあまり褒めてもらった記憶もなく、いつも兄が称讃されるのを横で見ていたという。

この辺りまで話した時点で、Aさんは、「もしかしたら長男は兄に似ているのかもしれないわ……」と気づいた。自分の両親からも褒められる長男を見ていると、まるで兄に感じたような嫉妬や、自分が隠れていく感覚を思い出し、長男を疎ましく思ってしまったのかもしれないと語った。そのことを意識すると、Aさんは長男を「兄」というフィルターを通さずに見ることができ、長男のAさんに対する優しさをそのままに感じ始め、嫌悪感は消えていった。

これが主観、フィルター、私たちのかけている色眼鏡、をわかりやすく解説したものである。すなわち、Aさんは知らないうちに、兄への嫉妬というフィルターを通してしか長男を見ることができず、そのフィルターを外してみて初めて直接長男という人間に出会えたということである。

(2)【事例】ある児童をわが子のようにかわいがるB先生

B先生は小学校教員である。もう子どもたちも巣立って、現在夫と二人暮らしをしている。久しぶりに低学年の担任を受け持つことになったB先生は張り切って毎日を過ごしていた。すると、クラスの中に、しょっちゅう遅刻をしたり、忘れ物をしたり、洋服もシャツがでていたりするようなだらしないCくんがいた。引き継ぎでは、Cくんは非常にだらしなく、いくら注意しても親も聞いているのかわからないような親で改善しなかったと報告があった。問題児だと思って受け持ったところ、実際のCくんはとてもかわいいのである。人なつこく、遅刻や忘れ物をしても悪びれず、えへへと屈託なく笑っている。その笑顔を見ると、ついB先生も笑ってしまうのであった。そして、ズボンに入らずはみ出したシャツを入れてあげたくなり、ついつい世話をしてしまうのであった。そしてCくんの親は子どもの世話をしない駄目な親だから、私がその代わりにCくんの世話をしなければ、Cくんが大きくなってから困ることになるとさえ思うようになった。ところが、他の子どもたちから「先生はCくんをひいきしている」という声が上がり始めた。それを聞きつけた保護者からも疑問の目を投げかけられるようになった。この時点でB先生ははっとわれに返った。どうしてこんなにCくんの世話をしたんだろう、と。

実はB先生は自分の子どもを育てている時、まだ若かったために教員（仕事）との両立が難しかった。仕事をしながらの子育ては誰にとっても大変であり、精神的に追いつめられたりすることもある。B先生もそうだったのだが、B先生はもともと几帳面で完全主義だったため、弱音を吐くこともなく、教員としての自分にも母親としての自分にも手を抜くことができなかった。そのうちに少しのことでもイライラしたり、子どもが忘れ物でもすれば、近所が驚くほどの大声で子どもを叱り続けたりしてしまっていた。今考えれば、追いつめられて余裕がなかっただけなのだが、子育てに失敗した母親、子どもに悪いことをしてしまったという罪悪感がB先生のこころにはしこりとして残っていたのだ。そのため、Cくんの世話をすることで、自分が過去にできなかった子どもの世話をするということの代理の満足を得ていたのである。このB先生のこころのフィルターを外してCくんを見てみると、親は一生懸命育てているが、手をかけすぎているために、Cくんが自分では何もできないという状態にあることが理解できた。B先生の思い描いていた駄目な親というイメージとはまったく逆であったのだ。

このように、現実や他者の真の姿は、フィルターを通すと加工されてしまい、そのままに見えなくなることが多い。人間である限り万人にこの現象は起きるのであるが、自分の主観に左右されてしまって相手が見えなくなってしまったのでは、他者を理解をすることは不可能となる。私たちの主観が他者に間違ったレッテルを貼ってしまい（思い込み）、レッテルしか見えなくなってしまったのでは、致命的な事態が生じている。

4　色眼鏡の外し方

（1）　自分の色眼鏡に気づくこと

外し方を述べようとは思うが、とはいえ、外すためには、まず自分が色眼鏡（主観）をかけていること自体に気がつかなければならない。

これはたいへん難しいことである。なぜかというと、ここまで述べてきたように、主観は無意識にあるものだからである。繰り返し行動パターンなどに現われたり、客観的に示されれば気づくこともあるが、自分は「妬みがあり破壊的衝動の高い人間だ」とか「自己愛的である」などと気づく訳がない。

ではどうしたらよいかというと、とりあえずは、思い込まない、決めつけないということだ。他者にしてもものごとにしても、思い込んで一つの視点からしか見なければそれしか見えない。多視点からさまざまに見てみることは思い込みや決めつけを避けることができる。また、集団である人の悪口で盛り上がっているときなどは集団で色眼鏡をかけて、自分たちを正当化しようとしているので、集団で熱心に悪口を言う。熱心に人の悪口を言い続けている時も、なぜ私はこの人のことを悪く言っているのだろう、この人のことがなぜ気になるのだろう、と考えることが、色眼鏡を外すきっかけになると期待される。ただ、この場合悪口を言っている意識をなくすために熱心に相手が悪いことをとうとうと述べているので、自己肯定・他者批判に終わり、自分の色眼鏡には気づかない可能性が高い。

たとえば、わが子が一番かわいいと思うのは親として当然のことである。ところが小学校も高学年になると、親の見ていないところでは子どもたちはいろいろなこともするし、弱い子どもをいじめたりもするのである。つまり、顔色を窺ったり、親の前ではいい子を演じることができるようになる。ところが親の方は相変わらず盲目的にわが子はそんなことはしないと信じている（一つの視点からしか見ていない）から、被害児童の母親がお宅のお子さんがこういうことをしたと言おうものなら、烈火の如く怒って抗議してくる。「うちの子はそんなことしません」という訳だ。またはそのお子さんに直接注意でもしようものなら、その子どもは自分に都合の良いように親に報告をするので、親は盲目的にその報告を信じ（一つの視点からしか見ていない）、ますます相手を非難し、わが子の正当性を主張しまくり、注意した相手の母親批判を繰り広げたりする（熱心に人の悪口を言い続けている）。これはつまりわが子がやっていることと同じことを母親もしている、つまりは子どもは母親そっくりなだけなのだが、大騒ぎしてわが子の正当性や自分の正当性を言い続ける（熱心に人の悪口を言い続けている）親は、多視点でわが子を見ていない。そのような自分を内省する力もない。

これが少しまともな親ならば、興奮している自分や、とうとうと正当性を述べている自分、そのことばかり考えている自分に違和感を感じるはずである。この違和感を感じた時が色眼鏡を外す時である。過剰な反応が自分に起きたときは、自分の中の無意識のボタンを押された時なのである。あれ、なんでこんなに興奮してるのだろう、なんでこんなことばかり考えてるんだろう、と気づけるかどうかである。そして、うちの子の言ってることはすべて本当かしら、そういえば、最近ちょっとした嘘をついたりする、と気づくかどうかである。これが色眼鏡を外せるかどうかの分かれ道である。

（2）主観の固まりの人間には近寄らない

ただ、この手の、人を批判して大騒ぎして正当性を主張するようなタイプの人間は自分ではそのような自分に一生気づかないだろう。つまり、自分の色眼鏡を外すことは一生ないだろう。色眼鏡は身体の一部になっているのである。私は母親でもあるので、母親集団にも属しているが、嫌な思いは何度も経験したことがある。母親のこころの中にある、プライドや、妬みや、自分が一番になりたいという無意識が、ちょっとしたことで吹き出すのであるが、そういう人にはまっとうなことを言ったところで通じないし、自分だけが内省していたのでは、自虐的になるとしか思えない。まして、集団のメンバーに真顔で相手の悪口をさも自分が被害者のように語る名人なので、集団も一緒になってその人の悪口を言っていることがある。つまり熱心にその人の悪口を言い続けている集団と化す。これは立派ないじめだ。ところが色眼鏡の母親集団は自分たち自身の妬みやコンプレックスにまず気づくことはないと思った方が良い。他者批判を繰り返している母親集団自体が本当は自分に自信がなく、人をけなしていないと不安なだけだが、そんなことに気づいてしまったら、自分の存在が揺らいでしまうので、熱心に他者を批判して生きているのであろう。なんともむなしい人生である。

あきらめに聞こえるかもしれないが、そういう人や集団に出会ったときは、かかわらないことである。これが解決法だ。母親でも父親でも教員でも、どうしようもない人や主観の固まりはいる。その人に理解してもらおうと躍起になるのは、すでにその人に巻き込まれた証拠である。主観の固まりの人間には他者を理解するなどできないのだ。それよりは、あの人はあのような人なのだとこちらが気づき、かかわらないのが賢明である。昔から言う君子危うきに近寄らずである。モンスターは自分がモンスターだとはまったく思っていない。遠回しに注意しても、自分のことだとはまったく思わない。だからこそ、このような自分のこともわからないような人間にはならず、自分のかけている色眼鏡の色くらい知っておきたいではないか、と強く思うのである。

【課　題】

・皆さんのなかで、エゴグラムの高い因子、低い因子はどれだろうか。自分の取りやすいコミュニケーションを考えてみよう。

・保護者から「先生が担任になってから成績が下がった」と文句を言われた場合、Aから対応してみよう。

第5章　目に見えないこころ
——こころとはどこにあるのか——

私たちは日常生活において、風邪をひけば学校や会社を休むだろう。もし骨折すれば、他人に援助してもらうだろう。ところが、どうも憂鬱だ、なんだか元気がでないというときは、どうであろうか。「今日は憂鬱なので会社を休みます」などと連絡をすれば、「何を甘えているのだ！」と叱られそうである。「元気がでないので、ちょっと保健室で休んできていいですか？」などとも言えないものだ。こころとは、目に見えないからこそ、客観的に判断したり、論じたりすることが難しい。こころは架空のものであり、存在しないのであろうか。

1　こころの動きを感じる

たとえば、次のような母親がいた場合、読者の皆さんはどのように感じるであろうか。

〔A段階〕

小学校低学年の男児の母親。その母親は、入学時から細かく子どもの体調やアレルギーなどについて配慮して気をつけてほしいと担任に申し出ていた。ある時は、わが子が擦り傷（絆創膏をはって帰宅させた）をしていると言って混乱した様子で学校に電話をしてきた。アレルギーがあるので、と連日給食のことについても電話をかけてくる。ちょっとしたことでも電話がかかってきて、担任の都合などお構いなしに長い時は十五分を越える時もある。担任は忙しい中、その電話を受け、丁寧に対応してきた。

〔B段階〕

しかし最近は、度重なる電話に辟易してしまい、母親に嫌気がさしてきた。些細なことに大騒ぎしているように思えたり、また電話がかかるのではないかと気になったり、子どもの顔を見ると母親の声を思い出してしまうようになり、重い気持ちになってきた。

〔C段階〕

そんな中、その児童が以前書いた作文をなんとなく読んでいると、この児童には兄がいたが、生まれつきの病気のために、さまざまな治療の甲斐なく小学校入学を目前の六歳で亡くなったことが書いてあった。

〔A段階〕は母親の行動のみを体験している段階である。**〔B段階〕**は**〔A段階〕**（ストレス）によるこころの反応である。しかし**〔C段階〕**を読んで、読者の皆さんのこの母親に対する印象が変化しているのではないだろうか。つまり、皆さんのこころが動いたのではないだろうか。すなわち、この母親は、過去に子どもを失う体験（対象喪失）をしており、そのために少しのことでも過剰に心配してしまったり、母親から見えない学校という中で何が起きているのか不安でたまらないのではないか、また子どもを失うのではないかといつもおびえているのではないか、などと予想して、母親の行動の背景にある「こころ」を理解することができたのである。すなわち、母親のこころや児童の家庭環境（**C段階**）が理解できたことにより、母親の行動（**A段階**）に無用に腹を立てることがなくなり、実は私たちのストレス（**B段階**）が軽減したのである。理解は私たち自身のこころにも作用するし、母親とのもめた関係への突入の予防にもなる。これは「なんとなく読んだ」という教員の力量により展開した例である。

さらに、この理解があれば、母親への対応上での工夫もできる。ただ「大丈夫です。ご心配なさらないでください」というだけの対応でなく、母親の不安を鎮めるような対応が有効である。たとえば、「お子さんは自分でもアレルギーのことを自覚しており、食べる前に考えているようですよ。自分で取り組めるようになるなんて、すごく成長しましたね」などといった具合である。

2　こころの成長とは

現在私たちは、「カウンセリング」という用語を日常的に使用している。カウンセラーという職業も一般的になっている。しかし、細かく述べると、私自身はカウンセラーと呼ばれることに実は抵抗がある。セラピストならよいが、ではその差はどこにあるのだろうか。

また、カウンセリングとは本当にただ聴いているだけなのだろうか。聴いていれば、人は皆こころの安定を取り戻すのだろうか。

それを説明するには、カウンセリングと心理療法（psychotherapy）の違いを説明することが役に立つと思われる。カウンセリングというのは、かなり広義で使用されている。人生相談や万相談からこころの相談、とくにsupportive psychotherapyと呼ばれる支持的心理療法まで広く含まれてくる。一方、私自身が行なっている心理療法は精神分析という学問をバックボーンにしているため、経験に基づいたり、直観に頼ったりするような主観的なものとはまったく違う。また、ただクライエント（心理療法の場合、患者とは言わず、クライエントと言う）の話を聴いているだけでもない。聴きながら、学問の理論に沿って非常にさまざまなことを考え、クライエントの無意識を捉え、それを解釈し（言葉で伝え）、意識化（無意識にしている行動に気づく）を行なっているのである。すなわち、トレーニングを受けた人しか専門的な心理療法を行なうことはできない。

では、何が違うのだろうか。その大きな違いは本人のこころの成長が伴うかどうかという点にあると考える。すなわち、単なる環境調整や具体的な解決法（たとえばアドバイス）を示して解決するということではなく、本人のこころが成長することにより、それまで困っていたことを解決していく、ということが伴うかどうかなのである。

第**1**章で見た発達課題という「ハードル」を跳び損ねた場合を例に挙げると、ハードルを低くしてあげたり、抱っこして跳びこさせるなどするのではなく、跳び損ねずに跳べるような跳び方を本人が工夫するように援助し、自分の力で跳べるようにするようなイメージとなる。その際には、思春期青年期の子どもたちには発達促進的な心理療法を行なうことも多くある。これは子どもたちがハードルを自分の力で跳べるようにヒントを与えるなどして本人に考えさせ、その子どもの持つ力を発揮できるように援助する方法である。

3　事例でこころの成長を考える

（1）【事例】環境調整を行なうことで夜尿が治まったE子

E子は小学校三年生の女の子だった。最近毎晩夜尿があるとのことで母親に連れられて小児科を受診した。身体的な異常は否定されたため、夜尿は心因のために起きているのではないかという診断で、私のもとに紹介されてきた。

E子は、なぜかわからないが夜寝るとお漏らししているという。母親に事情を尋ねると、実は三年生になって母親が復職したということを語った。仕事を始めて、学童に行き始めたが、その頃から夜尿が始まったとのことだった。

学童が嫌だというので、今は鍵を持たせて自宅に帰るようにしているが、夜尿は続いているとのことだった。父親も心配しており、週末にはE子を連れて散歩をしたり、父親の趣味である釣りに連れて行ったりして協力的だが、E子は外出が長いためにかえって疲れてしまうという結果のようだった。

父親が母親に、復職が原因ならば、仕事などやめて専業主婦に戻ればいいと発言し、母親も、E子に問題が起こるなら仕事はやめようということになり、あっけなく母親が仕事をやめた。するとE子の夜尿は魔法のように消失した。

この事例について、皆さんはどのように考えるであろうか。もちろん、症状は消失したのであるからこれも一つの解決法である。

しかし、もし経済的な問題からの復職であったり、離婚や夫の病気や死別などによる復職の場合には簡単にやめるわけにはいかない。そうではなくとも、母親が自分の人生を考え、就職活動をしてやっとつかんだ復職という社会への参加を、簡単に手離すことには葛藤が生じるだろう。後者の場合は、仕事をやめた後、母親自身の気持ちの整理がつかず、かえってE子に当たってしまったり、簡単にやめろという夫への不満が高まる可能性が高い。

母親という一人の人間の人生という視点から考えるならば、上記の解決は解決になっていない。

（2）【事例】環境調整による対応でこころの成長が先延ばしされたF子

小学校一年生の女の子F子が、教室で「目が見えない」と言い、実際遠くが見えていないことに担任が気づき、母親に連絡をしてきた。心配した母親が眼科に連れていったが、とくに異常は認められず、心因ではないかと言われた。

私はF子と母親に病院で会ったが、二人とも目の大きいかわいい顔立ちの母子であった。F子とプレイセラピー（play therapy）をするうちに、バレエのような踊りを繰り返していることに気がついた。私が「かわいい踊りだね」と言うと、F子は「うん、ママもパパが早く帰るとこうやって踊るんだよ」とさらに部屋の中をくるくると踊り回った。「パパはいつも早く帰ってくるの？」「違うよ。でも早く帰ってくるとこうやってママが踊るの」とさらに激しくくるくる回っていた。「ふーん、ママはパパが早く帰ってくるとうれしいんだね」と私が話しかけると、「そうだよ」と彼女は答えた。「パパがいない日はママはどんななの？」と聞くと、「怒るんだよ。すっごい怖いの。あ、でもやさしいよ」と答えて踊るのをやめた。

プレイルームで遊びに夢中になっている際に、F子に何気なく「机の上に何がある？」と聞くと「ゾウの人形だよ」と机の上を見てくれるのでどうも視力は低下していないということも確かめられた。甘えっ子で人なつこいF子は、私にいろいろおしゃべりをしたし、妹ができたこともF子のこころに少し無理をさせているのかなと思いながら、F子を見守っていた。

F子にはまだ三歳の妹がいた。私は母親に子育てが大変かと聞いてみた。すると、下の子どももまだ手がかかるのに、小学校に入学したことにより、新しいことが始まり手一杯だと答えた。夫はどの程度子育てに協力的かと質問すると、「協力しないという訳ではないけれど、仕事が忙しくて疲れているので私がやらないと」とのことで、週末はかろうじて休みが取れるという状態のようだった。さらに「この間、つい子どもたちの前で夫婦喧嘩をしてしまったんです。つい大きい声で怒ってしまって。はっと気がついたら、F子がじっと私たちを見ていたんです」と言った。ここで私はF子はパパとママが喧嘩する場面を見たくなくて視力が低下したのだろうと容易に考えることができた。そこで私は母親に「この視力低下はご両親の喧嘩を見たくないというのがきっかけかもしれない。喧嘩が悪いということではなく、大人にとっては意見交換だったりするけれど、子どもにとってはいつも仲良しのご両親の喧嘩に驚いたというくらいだが、お父さんにもそう伝え、子育てに協力してもらい、お母さんも安定を取り戻すことが大切」だと伝え、次の提案をした。①時には夫に下の子どもの世話をしてもらい、F子と母親だけで来院する機会も作る。②受診の際、夫に車で送ってもらう（幸いこの母子の受診曜日は毎週土曜日だった）。

母親が父親にこのことを伝えると、この家族はやはり健康な家族であったので、すぐに父親は協力するようになった。会社からもなるべく早く帰宅するようにしてくれた。

するとほどなくしてF子の視力はもとに戻ったのであった。

ところが、F子が小学校四年生になったとき、私は今度は耳が聞こえなくなったというF子に再会したのだった。

四年生になったF子は、相変わらず目の大きいかわいい顔立ちだったが、私が話しかけても聞こえない様子だった。私は再会に驚いたと同時に、やはり……という気持ちがわいていた。なぜやはりかというと、前回の視力低下のときの解決方法が環境調整という方法だったからである。つまり、F子はとくに何も変化せず、周りがF子のために変化したことにより、家族のバランスが回復し、F子の症状も消失したのである。これはF子自身の成長による症状消失ではなかった。そして、今回も耳が聞こえない、という症状を選択してきたということからは、やはりF子が、何か嫌なことや受け入れがたいことが起きると、身体症状が出てくる、すなわちこころを身体で表現している、見たくないことが起きると見えなくなり、聞きたくないことが起きると聞こえなくなると推察できた。これは言い換えると、F子が本来感じるはずの感情を、無意識に身体症状にしているということである。そうなると、F子のこころの成長の目標は何になるかというと、自分の感情を感じること、自分の感情を言葉にして伝えること、などになってくる。

再会後は前回のような環境調整ではなく、心理療法に導入する必要を感じ、F子とF子のこころの成長を目標にした心理療法を行なったのである。

どちらの方法——すなわち、環境調整かこころの成長か——を選ぶかは、臨床家の判断に委ねられる。F子のように複数回くり返される場合は、こころの成長を目標とする心理療法を行なう場合が多いであろう。

4　こころの反復作用

(1)　人間はストーリーを無意識に紡ぎながら生きている

先程無意識を意識化すると書いたが、これをもう少し説明したいと思う。私たちのこころは、それまで生きてきた歴史のどこかにこだわる部分があり、知らないうちにそのこだわりの部分を繰り返し反復している。たとえば練習の時はたいへん上手なのに、本番になるといつも失敗する人や、次から次へと不幸を拾い歩いているような人などを見かけることがあると思う。そういう人は、成功してはいけないという足枷があり、どうしても成功できないのである。また、後者は幸福になってはいけないという足枷があり、不幸になっていくのである。しかし、この足枷は無意識なので、本人は気がついていない。つまり、人生というのは、ある意味ストーリーであり、私たち一人ひとりが自分のストーリー（自分の人生の脚本）を無意識に紡ぎながら生きていると考えることができる。そしてストーリーを規定してくるこの足枷の背景には、過去の対象関係、主として母親との関係が影響していると考えられている。しかし、これは母親が悪い、と言っているのではない。たとえば、母親も一生懸命育てたのだけれど、子どもの要求とうまく合致しなかったり、子どもの側にも「素質」があり、なかなか育てにくい子どもというのもいるのだ。そして、母親をサポートする夫や周囲の人たちがしっかりしていると、母親も安定して子育てができるので、母子関係というのは、本当にさまざまな関係性の影響を受けているのである。

また、ここでは「心的現実」という言葉にも触れておきたいと思う。たとえば、「母親が私を愛してくれなかった」と感じている女の子がいたとする。しかし母親は母親なりにこの女の子を愛しているとする。もし皆さんが、この女の子から「母親が私を愛してくれなかった」と言われたら、どう答えるだろうか。「いや、お母さんはあなたのことを愛していると思うよ」と真実を伝えるだろうか。「うちのお父さんは私をいやらしい目で見るし、時々触ったりするんだ」と訴えてくる女の子もいる。でも現実的には虐待の事実がない場合もある。そのとき、皆さんならこの女の子にどのように話すか。「いや、お父さんはいやらしい気持ちはなく、父親として心配しているだけなんだろう」などと答えるだろうか。

そして、事実を伝えられたこの二人の女の子たちは、そうか、そうだったのかと納得するだろうか。皆さんのご想像通り、おそらく納得しないだろう。そして事実を答えてくれた大人たちに、「やっぱり何もわかってくれない」と失望することだろう。それはなぜかというと、この女の子たちにとっては、彼女たちが述べた「母親が私を愛してくれなかった」「うちのお父さんは私をいやらしい目で見るし、時々触ったりするんだ」が真実だからなのである。このようなことを「心的現実」といい、その人にとってのこころの中での現実を現わす。

このような心的現実については、現実や事実を突きつけたところで意味がない。むしろ、なぜその女の子たちがそのように思うのか、そのことを尋ねることの方が重要なのである。これは第**1**章で述べた「理解」にもちろんつながっている。たとえば、「どんな時、お母さんに愛されていないと感じるの？」とか「お母さんはどんな風に話しかけてくるの？」という質問である。または「お父さんはいつ頃からそんな風だと思えるの？」とか「触るってどんなこと？」などという風に、本人が感じていることをなるべく語ってもらって、こちらも理解できるような情報を話してもらうような質問をしていく。そのやりとりの中で、「あ、そういえば、この間は私の好きなおかずを作ってくれた」とか「寒いからと布団をかけてくれた」「もしかしたら愛してないと思ってたけど、それだけじゃないかも」「私がお父さんのことが気持ち悪いのかも」などと自分で気づいてくれれば、おのずと考えが修正されていくのである。このように、足枷を意識化し、無意識に紡いでいたストーリーを書き換えることができると、その後の人生は違うものになっていく。

(2) こころの傷による反復

このような反復には、こころの傷も含まれてくる。たとえば、遠くでも消防車や救急車のサイレンが聞こえてくると非常に不安感が高まり動悸がしてくるという人がいた。小さな音でもサイレンが聞こえてくると不安になってくるという。子どものゲームから聞こえるサイレンですら、怖くてたまらないとのことだ。その人の話をよく聴いていると、以前火事の現場を目撃したことがあり、「その時の恐怖感」と「サイレンを聴いた時に感じる感覚――不安感や動悸――」が似ているかもしれないと気づいた。これが精神分析で治療目標の一つと言われている「無意識の意識化」が起きたことになり、不思議だが症状が確実に改善されていく。すなわち、なんだかわからないけれど怖かったサイレンが、火事の目撃と結びつき（意識化され）客観的になるために、訳のわからない怖さから訳のわかる怖さに変化したのである。よって、サイレンを聞いても、訳のわからない不安に駆られることはなくなった。これは、いわゆるＰＴＳＤ（外傷後ストレス障害）のフラッシュバックと言うこともできるが、本人は、当初、火事と現在の不安・動悸を結びつけて考えていなかった。

このように、人間は無意識が意識化されると、反復しなくなる。もう少しわかりやすい例を挙げて説明したいと思う。

（3）【事例】阪神淡路大震災によりこころの傷を負った女の子

阪神淡路大震災後約二か月くらいの時に私が日本心身医学会のボランティアで一週間神戸に滞在していたときの出来事である。私自身もまだ若い頃であったが、日本という国も、震災という事態に不慣れであった。臨床心理学・精神医学においても心的外傷やＰＴＳＤ（Post Traumatic Stress Disorder 外傷後ストレス障害）という知識はあったが、このような大きな規模で自分たちに降り掛かる事態としては初めてであった。そのために、システムとしてもさまざまなトラブルが生じ、受け入れ体制が整わないうちにボランティアばかりが増え、かえって混乱したりしたこともあった。

私は新幹線が新大阪で止まっていたので、電車に乗り換えたが、進むに連れて青いビニールシートを屋根に張っている家が増えていったことを覚えている。三宮で下車すると、高いビルが傾いている。空に対して曲がったビルがあると、私の身体はビルにあわせて傾きそうになった。視覚と体感の奇妙な感じを初めて体験したが、夕方になると電気が少なく暗い街に傾いているビルを見ているうちに、怖いような妙に静かなような気持ちがしていた記憶がある。

ボランティアとしては、長田区、東灘区あたりの避難所を巡っていた。寒い体育館に疲れた表情の家族がたくさんいて、校庭のテントの下では忙しくおにぎりや飲み物を整理している避難所のリーダーやスタッフが目に入った。トイレの悪臭、一升瓶を抱えたおじさん同士の怒鳴り合い、怒鳴り合ったあとに抱き合って泣いているおじさんたち……ここで何ができるのか。自分には何もできないのではないかという無力感が湧いて悲しくなった。

教室を回り、校庭を歩いていると、「おねえさーん、おねえさーん、一緒にあそぼうよー」とかわいい声が聞こえて来た。五歳くらいだろうか、女の子が手を振っていた。私が寄っていくと、人なつこい笑顔で私の手を取り、一緒に遊ぼうと言う。一緒に走ったりしているうちに、その女の子はどこからか台車を持ってきて、私の手を引いて水飲み場の方に向かった。そこにあったアルミのバケツにほんの一センチくらい水を入れては（まだ水もあまり出なかった）、台車に置き、バケツを合計四個くらい台車にのせた。一体何をしているのかな、と思っていたところに、いきなり女性（母親）が近づいてきたので、はっとしてそちらを見た途端、「また水を無駄にして‼」と怒鳴ったと同時にその女の子の頬を平手打ちした。女の子は地面に叩き付けられ大泣きし始めた。私は立ちすくみ、しかし、東京から来た者が「暴力はいけませんよ」などと母親を諭すようなきれいごとが許される雰囲気ではなく、言葉を失ってしまった。母親もはっとわれに返り、私に気がつき、ばつが悪そうに立ち去ってしまった。女の子を起こして「大丈夫？　痛かった？」などと言い、一緒にバケツを片付けたが、その場では一体何が起きたのか私には皆目検討がつかなかった。

一晩私はもんもんと考えていた。翌日次の避難所に移動する直前に、その親子と偶然保健室で会った。今度は魔法瓶のお湯をいたずらしたので指に火傷をしてしまったらしい。「なんでいつも水関係なのかな……」と考えていたが、親子が帰ってしまって、さらに何かが気になって考えながら移動のバスに乗ってから、今度は私がはっとした。

被災地に行くまでは、全部か一部かの違いは知っていたが、私は全壊と全焼があることを知らなかった。全壊は壊れた瓦礫の下から、写真や大事なものを取り出せる可能性が残っている。しかし、全焼は何も残らない可能性が高いのである。あの女の子は、一生懸命水を汲んでは台車で運び、燃えていった家の火を消したかったのではないか……、もしかしたら消火のためのバケツリレーを見ていたのではないか……、そう私がやっと思いついた時は、次の避難所へのマイクロバスの中だった。あのとき、お母さんに、「お母さん、この子は一生懸命火を消してるのですよ」と言えたら、母親は子どもの遊びを理解できただろうし、子どもの遊びも治まっていっただろう。母親自身も女の子の遊びを見ると、無意識に火災のことが思い出されるので（子どもの無意識の遊びに母親の無意識が刺激された）、感情的になってしまっていたのである。

なんとも無念すぎる体験だった。戻って伝えたいが、被災地の混乱した状況の中では、次の避難所が待っていてそんな余裕はないし、伝言をする手段もなかった。無念さと同時に後悔もして、無性に腹が立ってたまらなかった。

（4）事例の解説など

解説をすると、水を入れたバケツを台車で運ぶというこの女の子がくり返した遊び、すなわち、反復した行動が象徴遊び（無意識を象徴を使って表現している）であり、こころの傷が成せる業《わざ》、であった。それを見た母親も無意識を刺激され、突然腹が立つという反復行動が親子間に成り立っていた。人間は、こころの中で消化できない感情などを無意識に昇華・消化しようとして、さまざまな行動をする。そして、昇華・消化されるまで同じことを繰り返し反復してしまうのである。もちろん、本人にはなぜ反復行動をしているのかは、わかっていない。

補足するならば、象徴の理解にもやはり情報が必要だということだ。ブラインドゲームをしているわけではないと論じたが、もし最初から全焼のクライエントですと紹介されていたら、もう少し早くに遊びの象徴性が理解ができたと思うのである。しかし、混乱した状況下ではそのようにシステマティックにものごとは進まないものである。

その夜から、私は胸の上が重くてよく目が覚めるようになった。すると、私の胸の上に、あの女の子が正座して座っているのだ。この話をすると、一部の学生は大笑いするが、心霊現象などではない。夢を見ていたのである。今度は私のこころが解決できなかった思いを夢の中で現わし始めたのである。これもこころの傷が夢に反復して現われたと考えられる。夢分析などは一般にも広く浸透しているが、夢も無意識を現わす手段なのである。

東京に戻り、別のボランティアに行っていた精神科医の先生と話す機会があり、この体験を話した。するとその先生は、ボランティアは具体的に何かをするというだけではなく、そうやって被災者のこころの重荷を背負って帰ってくるのだと話してくれた。その話を聞いて私はなるほどと納得し、こころが軽くなった。その夜から女の子は現われなくなった。無意識の意識化が起き、反復が治まったのである。

おそらく解決しきれない無力感や後悔があるので、この女の子のことを読者の皆さんと共有したいと思い、ここに掲載したのだと考えている。以上、こころの反復作用をわかりやすく解説できる事例を述べた。

(5) 精神分析

ここまでに述べたような作業を、心理療法として行なう学問を精神分析という。

十九世紀後半にフロイト（S. Freud）によって精神分析は創始された。精神分析とは、一言で説明するならば、人のこころを深く理解するための方法と言える。意識に対して、無意識という世界を定義し、その無意識の流れを読み取ろうとするものである。それは学問でもあり、思想でもあり、治療法でもあり、自己理解の術でもある。

フロイト学派は、精神 - 性的発達理論において、口唇期・肛門期・男根期・エディプス期に分類し、とくにエディプス（三者関係）に注目した。その後、クライン学派は、それよりももっと早期の幼児期（二者関係、プレエディパール）に注目した。それらに対して、自己と対象の関係が、過去からの体験の積み重ねだとする対象関係学派などさまざまな学派がある。

正式な精神分析は、週四、五回数年間に渡り、自由連想（こころに思い浮かんだことをそのまま言葉にする）をし、セラピスト（分析者）はその連想を受け身的中立的態度で聴き、分析していく。セラピストは、連想（意識されたもの）を聴きながら、その背景にある無意識の流れを読み取っていくのである。そして、セラピストの言語化、解釈（クライエントに言語化して伝えていく作業）により、無意識の意識化が起こり、洞察（自分への理解）が進んだり、症状が解消したりする。日本においては、週一、二回の精神分析的心理療法が主流である。

面接室では、カウチに横になってもらい、セラピストがカウチの後ろ側に座る方法や、一二〇度くらいの向きで向き合いながらする対面法がある。いずれも、直接的な関係や会話ではなく、クライエントとセラピストで、二人の間に浮かんでいる「こころ」を共に観察するようなスタンスで進められる。精神分析で有名な用語は「転移」であり、クライエントがセラピストに投影した（映し出した）関係（転移関係）を意味する。

阪神淡路大震災の事例を置き換えるならば、

「今日もバケツに水を入れて遊びました。それを台車に乗せて運ぶんです」。

「でも、それをするといつもお母さんが飛んで来て、水を無駄にしちゃ駄目だ!、とものすごくたたかれるんです」。

「そのあと魔法瓶で遊んでいたら、お湯がちょっと出てしまって指を火傷してしまいました」。

と自由連想してくるわけだが、これをじっと聴いていて、ここからセラピストは女の子の無意識を読み取っていく。自由連想で語られることは本人に意識されたことなので、その意識(連想)をつないでいき、その下に流れる無意識の流れを理解し解釈していくのがセラピストの仕事となる。

その行程を**図5-1**に示してみた。

クライエントである女の子の自由連想を聴きながら、セラピストは、くり返している水遊び、母親に叱られる反復、魔法瓶……などを考えあわせ、女の子の無意識には、「火事で家が燃えているのを消そうとしている。つまり、実際には火を消せなかった苦しみがあるのだろう」と連想からこころ(無意識)を読み取る、といった感じである。

この本で繰り返し述べ、この視点だけを理解してほしいと私が述べ続けている、「表面に現われた行動の背景にあるこころを読み取る」、これがまさに、連想や遊びに現われたこと(意識)をつなげて

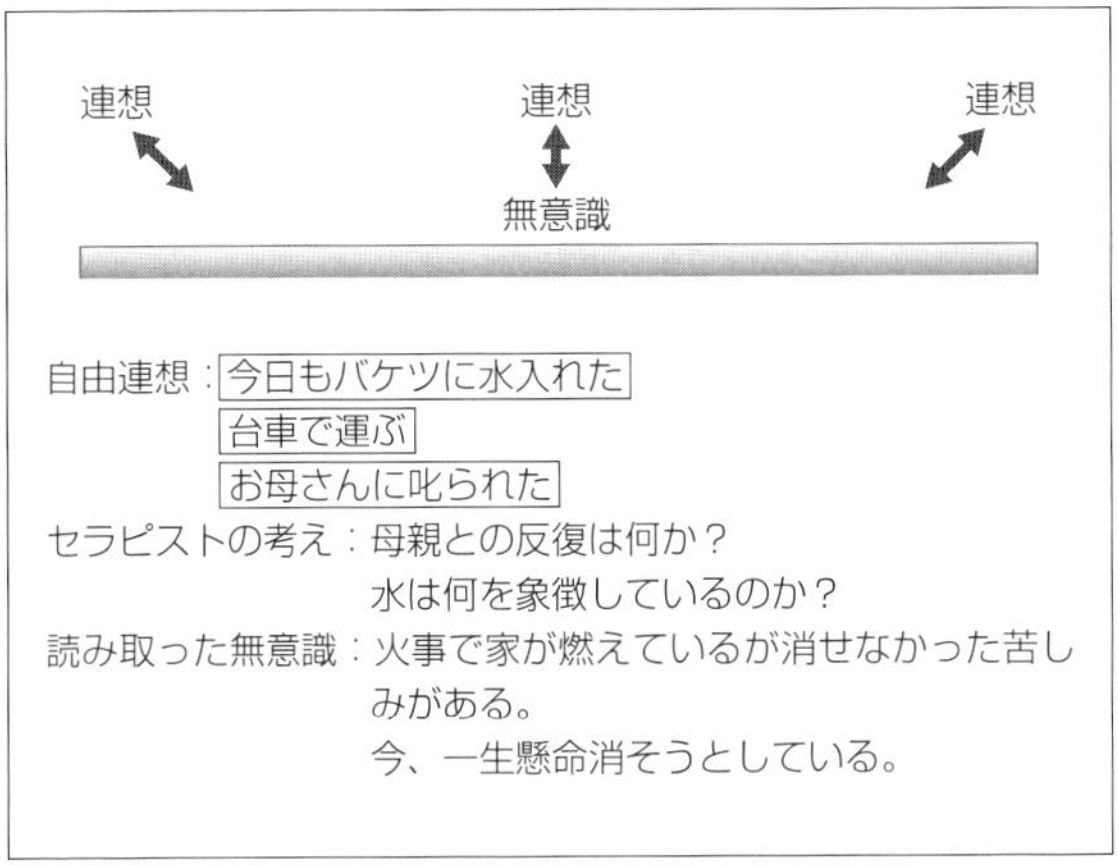
連想
連想
連想
無意識
自由連想：今日もバケツに水入れた
台車で運ぶ
お母さんに叱られた
セラピストの考え：母親との反復は何か？
水は何を象徴しているのか？
読み取った無意識：火事で家が燃えているが消せなかった苦しみがある。
今、一生懸命消そうとしている。

図 5-1　セラピストの仕事の行程

いって、背景にある無意識を読み取っていくという作業とまったく同じことを示しているのだ。

　このようにセッションを積み重ねていくうちに、クライエントは、自分の無意識に気がつき、自分のことが理解できるようになっていく。これが実は第**4**章に書いた色眼鏡、主観を理解するようになるということなのである。そして、自分を理解していくと、同じストーリー展開になりそうになったときに食い止めることができたり、これまでと違う選択をすることができるようになったりする。すなわち、脚本を書き換えることができたわけだ。

【課　題】

- こころの成長とはどのような現象を指すか、説明してみよう。
- カウンセリングと心理療法の違いをまとめてみよう。

第6章　学校で今起こっている問題

では、学校内で起きる問題について、いくつか代表的なものを考えてみよう。これらすべてに共通して言えることは、早期発見早期解決が望まれるということである。これまで学んできた子どもや大人のサインを早期に発見し、早期に対応し、早期解決を目指すことが望まれる。そのためには、「まさかいじめ?」と思わずに、「もしかしたらいじめかもしれない」と事態をとらえ、周囲の人間（とくに教員）が複数で事態を慎重に継続的に観察することが早期発見を助ける。さらに、荒れた学級では異変に気づきにくい。ちょっとした変化に教員が気づくことができるように、学級が安定していることも早期発見を助ける。

1　さまざまないじめ

（1）いじめとは何か

いじめは現代の学校内における大きな問題である。かつていじめは成長に必要なけんかだという認識であったが、現在はいじめは卑劣な行為であると認識され、平成二十五年からは法律でもいじめてはいけないと決められている。他の問題と比較しても、いじめの舞台は学校内であることが圧倒的に多いが、いじめはなかなか発覚しないことが多い。それはなぜか。

- いじめは教員の目の届かないところで行なわれる（休み時間、登下校時、部活の前後など）。
- 教員や保護者に訴える（チクる）と、さらにいじめると脅されている場合が多い。
- ターゲットが次々変わるため、自分が次のターゲットになることを恐れていじめに加わる子どもが多く、いじめを口外しない。
- 「シカト」（無視）という行動は物的証拠が残らない。
- 被害者は強いショックを受けると、それを人に伝えることが困難になる場合がある（「はじめに」の女の子を参照）ため、助けを求められないことがある。
- 加害者は自分が人をいじめたという意識を持たないことが多い。

表 6-1　文部科学省のいじめの定義（平成 19 年）

個々の行為が「いじめ」に当たるか否かの判断は，表面的・形式的に行うことなく，いじめられた児童生徒の立場に立って行うものとする。 「いじめ」とは，「当該児童生徒が，一定の人間関係のある者から，心理的・物理的な攻撃を受けたことにより，精神的な苦痛を感じているもの。」とする。 なお，起こった場所は学校の内外を問わない。 （注 1）「いじめられた児童生徒の立場に立って」とは，いじめられたとする児童生徒の気持ちを重視するということである。 （注 2）「一定の人間関係のある者」とは，例えば，同じ学校・学級や部活動の者，当該児童生徒が関わっている仲間や集団（グループ）など，当該児童生徒と何らかの人間関係のある者を指す。 （注 3）「攻撃」とは，「仲間はずれ」や「集団による無視」など直接的にかかわるものではないが，心理的な圧迫などで相手に苦痛を与えるものも含む。 （注 4）「物理的な攻撃」とは，身体的な攻撃のほか，金品をたかられたり，隠されたりすることなどを意味する。

・学校側はいじめと認定すると、さまざまな責任問題が生じるため、いじめを隠すことがある。

などのいじめの特徴によってくるところが大きい。

また、軽度のいじめは小学校低学年からあり、ピークは中学一、二年と言われる。いじめは、年齢が上がるにつれ、言葉での脅し、暴力、たかり、監禁などと犯罪性も高くなる。

いじめの定義は、大きないじめ事件が起きたあと、世論に押されるような形で変遷している。平成十九年文部科学省はいじめを**表６－１**のように定義し直している。

（2）　いじめが本当にあるのかどうか

平成十九年に改訂された定義においてもっとも重要なことは、被害者がいじめられたと感じたら、いじめなのだということである。これは非常に重要なことである。これまで被害者が訴えたところで、「気にしすぎだ」「受け取り方の問題だ」「この学級にいじめはない」などとあっさりと答える大人が多すぎた。いじめられる側にも問題がある、などという発言も、一昔前まではよく言われたものである。子どもが勇気を振り絞って相談してきても、「気にしない」「あなたにも原因がある」などと無責任なことを言う大人は子どものこころをまったくわかっていないし、加害者と同じ人種である。勇気を出して訴えてくれた被害者が死んでしまってからでは遅すぎるのだ。また、死ぬような辛さを体験する日々が長く続くことは、死ぬより辛いのだ。いじめられていると訴え出てきた子どもには、まずは被害者の話すことを傾聴し、私はあなたの味方であるという安心感を持ってもらえるような存在となることで、子どもを支えることができる。そのような存在になるということは、非常に重い責任を伴うことを忘れてはいけない。昨日は話を聴いたけれど、今日は「あなたがそんなだからいじめられるのだ」などと態度を豹変させるなどもってのほかである。すなわち、大人は常に自分自身が安定し、一貫性を持つことが求められる。よって、第**4**章で学んだ自分の色眼鏡を自覚し、自分の気持ちを人にまき散らすことなく、自分にできることを継続的に行なうということである。それが自分には難しいと感じたならば、早い段階から複数の教員で対応することや、スクールカウンセラーにもかかわってもらうなどの方法を考える。そのような勇気を持っていないならば対応しない方が良い。

　子どもにとって（大人も同様だが）友達から「無視」「陰口」「ひそひそ話」「仲間はずれ」などをされることはものすごく辛い体験である。とくに「無視、シカト、ハブる」のいじめは、本人の存在を否定するから非常に深くこころを傷つける。いるのにいないことにされることは人間にとって一番辛いことであり、先に述べた子どもたちが存分に高めてほしい「自己肯定感」や「自己評価」を深刻に著しく低下させる。それらが低下すると、生きる力が減少し、死につながる可能性が高くなってしまうのである。

（3） 子どもの力になれる人間になる

すでに述べたように、子どもたちのかかわりの中には、発達に必要なけんかもある。これは本人の力で乗り越えた方が良い体験といえる。しかし、いじめは本人の欠点とは無関係で、乗り越える必要のない体験である。平成二十五年六月にいじめ防止対策推進法（http://www.mext.go.jp/a_menu/shotou/seitoshidou/1337219.htm）が公布された。いじめの定義の変遷と同様、具体的な事件である平成二十三年大津の中学二年生がいじめを苦に自殺をしたという事件のあとに制定された。この法律において、いじめの定義が再度明確にされ、インターネットを通じて行なわれるいじめも明文化された。さらに、児童等にいじめを禁止し、学校設置者の責務、学校及び学校教職員の責務、保護者の責務等を規定した。この意義は非常に大きい。たとえば、警察が介入すべきいじめも多く、この法律をもって、学校と他機関との連携が明確になり教職員がいじめを隠蔽することもできにくくなった。

とはいえ、そのような形や体裁だけではなく、しっかりと事態を見つめ、傷つく被害者のこころに寄り添い、実際に力になれる教員は少ないものである。自殺後の報道で、教員や保護者は口を揃えて、「気づかなかった」「じゃれてるだけだと思った」「むしろ問題児グループの一員だと思っていた」「こんなに悩んでいたなら話してくれればよかったのに」、などの言葉が聞かれるが、これらはただの無責任な言葉でしかない。読者の皆さんには、子どもたちに具体的に手を差し伸べることのできる、子どもの声の聴こえる大人になってほしい。教員でも親でも近所の住民でもその子どもの力になれる人間がたくさん存在することは、生き続ける力を与えることができる可能性がその数だけ高まるのだ。

（4）被害者と加害者

いじめの被害者にも原因があるなどとよく耳にするが、間違っている。一昔前には、レイプ事件が起きるたびに、取り調べの段階で、タンクトップを着ていたのだから女性が誘惑していたなどと警察が堂々と述べ、状況を詳しく被害者に語らせるなどして、二次的三次的トラウマを与えていた。この問題はフェミニズムなどを専門とされる先生方の方が詳細に語れると思うが、ハラスメントと結論づけられ、現在ではそのような非常識なことを言う人はいなくなったはずである。

いじめについても同じことが言える。人間誰しも欠点があるので、探せば被害者に原因もあるだろう。しかし、被害者本人の欠点といじめは無関係である。本人の欠点は本人が克服していけばよいことである。いじめは加害者によって起こされるのであり、むしろ加害者の欠点や問題が現れる現象であることを理解していじめの解決に取り組まなければならない。人生には乗り越えなければならないハードルもある。しかし、乗り越える必要のない壁は、乗り越えずに、避けたり、援助してもらうなどしてよいのである。

まして、最近の加害者は自分がいじめているという意識すらない場合が多い。一昔前までは、加害者が罪悪感を募らせて後追い自殺をする危険性を配慮したが、現在は「え？　私いじめてないよ」「なんで？　そんなことで悩むなんて弱いからだよ」「あの子が輪に入ってこない」などとぬけぬけと被害者のせいにしてしまう。加害者が否定すると、教員もそれ以上どうアプローチしていいかわからず、何も進展しなくなる。親も同じで、お宅のお子さんがいじめている、と教員が持ちかけても、「うちの子はそんなことしていません」と言われれば、そこで終わってしまう。このような事態が実は一番現場で多く見られている。教員も一度は対応しているので、それ以上踏み込まない。すなわち、いじめは続いているのに、加害者の子も親も教員も平気な顔をしている事例が多く見られる。なぜ被害者が輪に入れなかったのか、その理由は、加害者がいたからである。

また先に述べたように、被害者や被害者の保護者が相談しても、「気にしない」「過保護だ」などと被害者側を非難してくる教員や指導者がよくいるが、気にして悩んでいる子どもに気にしないなどと言ったところで何になるのか。また、そんな教員や指導者相手だからこそ過保護にならざるをえないのである。これは、一般的に被害者や被害者の保護者は立場が弱く、加害者側の保護者は学校の中でそれなりの力を持っていることが多いことによる。だからうるさい加害者の保護者に指導するよりも、「あなたが声をかけなさい」「あなたが輪に入らないからだ」などと被害者に指導の矛先を向け（教員も加害者となり）、対外的には指導したという言い訳を作るのである。最悪なパターンだが、悲しいことによくあるパターンである。

ましてや加害者の親集団までもが「あの家はうちの子がいじめると言ってきた」「親子でおかしい」などと被害者たたきを始めたら、どうやって被害者や被害者の保護者は生きていけばいいのだろうか。「人のせいにする」スケープゴートの心理が始まったら、そこには何かが必ずある。加害者集団が自己正当化に走っているということだ。そのような集団では、いじめを見つけることもできないし、もちろん対応もできない。これは学校だけではなく、塾であろうがお稽古《けいこ》であろうが、さまざまな場でよく見られる現象である。

このような集団と出会ってしまったら、働きかけても無駄である。学校なら転校した方が良いし、お稽古なら変わった方が良い。そんな簡単に転校できないと思われるかもしれないが、子どもの人生を無駄にする必要はない。しかしこれは非常に多大なエネルギーを要することである。ご両親は子どもが傷ついているのを見るだけでも苦しく辛いうえに、話の通じない人たちと交渉するたびに疲労感無力感が溜まり、ご両親も追いつめられていく。だからこそ、保護者が数家族集まって、集団で意見提議することが望ましいが、その地域が揉め事にかかわりたくない事なかれ主義の家族の集まりだと、連携さえもできない。さらに、転校したからといって次の集団が良い集団とは限らないため、ますます被害者は追いつめられていく。

たくさんの人がすでに述べていることであるが、「子どもを守ることができるのは親だけである」。母親一人では負担が大きすぎるので、夫婦で力を合わせて子どもを守ってほしい。さまざまな理由があるがシングルマザー、シングルファーザーの場合は、親である自分自身を支えてくれる人や時間を確保してほしい。親がつぶれてしまうと、子どもも共倒れしてしまうので、親自身が力を発揮できるように、こころの癒し処を確保して長期戦に臨んでほしい。

（5） 加害者の長期的ケア

これまでに述べてきたように、被害者のケアは不十分ながらも討議はされてきている。ところが実はいじめ問題の場合、加害者の方が予後が悪いという結果を見たことがある。長期的な観察、心理的なかかわりは加害者も必要なのである。第**1**章、第**2**章ですでに述べた通り、いじめの加害者についても、なぜいじめるのか、を考えて理解していかなければならない。すると、ほとんどの加害者がなにがしかの問題を抱えていることが多い。学業、学校内の対人関係、家庭内の問題、本人の悩みなどである。いじめを解決できて、被害者は登校再開したのに、加害者が不登校となっていく事例は数多い。いじめの加害者となることは、加害者のＳＯＳサインであり、ただ叱ったり、やめさせるだけでは、こころの中のもやもやがそのままに放置され、もやもやがだんだん大きくなってしまう。本章**2**（2）の事例2を参照してほしい。

（6） 学校だけが悪いのか

視点を変えて考えてみよう。先の小学生の自殺事件で、もし学校が「私たちはいじめに気づいていた。しかし、対応がうまくいかず、自殺になってしまって申し訳ない」と会見したら世の中の反応はどうなっていただろうか。おそらく、「気づいていたならどうして子どもを守れなかったのか？」と学校批判という意味ではそう変わらないだろう。すなわち、学校はいじめを認めようが認めなかろうが非難されるのである。そして、学校がいじめをまずは認めないようにするのは、裁判における責任の所在ということが一番大きい理由だろう。いじめについての裁判における判例の中には、「無視が主体であり、いじめを発見することは困難だった」（新潟地裁）とか「自殺といじめの直接的関係は認められない」（大阪地裁他）などと記されているが、無視には物的証拠がないので、発見できないとでも裁判所は言うのか。いじめられた直後でないから直接的関係がないとするなら、いじめられて、その足で屋上から飛び降りれば因果関係を認めるとでも言うのか。こんな意味のない司法があるから、被害者は守られない。私は、被害者は、いじめられていなければ自殺などする必要もないのだと反論したい。こんな法律があるから加害者は大きな顔をして生き続け、学校はいつまでたっても積極的にいじめ対応のシステム支援体制を築けず、腰が引けた対応しかできないのだ。つまり、教員や指導者だけが悪いと攻めても何も生まれないということで、法律、役所、マスコミ、日本という国のあり方が現代のいじめ社会を生み出しているということなのである。

この数年の文科省の調査では、いじめは減少傾向にあるという。しかし現場では減少したという実感はない。すなわち、報告が嘘を含んでいるということだ。きちんとした調査をし直すべきである。そして、平成二十二年十一月十日付けで文部科学省が都道府県教育委員会などへいじめへの迅速な対応や隠さないで対応するなどの通知を出したが、なぜ学校はいじめを隠すのだろうか。そこを考えて

表 6-2　文部科学省の「ネット上のいじめ」についての説明

「ネット上のいじめ」とは，携帯電話やパソコンを通じて，インターネット上のウェブサイトの掲示版などに，特定の子どもの悪口や誹謗・中傷を書き込んだり，メールを送ったりするなどの方法により，いじめを行うものです。

「ネット上のいじめ」には，次のような特徴があると指摘されています。

- 不特定多数の者から，絶え間なく誹謗・中傷が行われ，被害が短期間で極めて深刻なものとなる。
- インターネットの持つ匿名性から，安易に誹謗・中傷の書き込みが行われるため，子どもが簡単に被害者にも加害者にもなる。
- インターネット上に掲載された個人情報や画像は，情報の加工が容易にできることから，誹謗・中傷の対象として悪用されやすい。また，インターネット上に一度流出した個人情報は，回収することが困難となるとともに，不特定多数の他者からアクセスされる危険性がある。
- 保護者や教師などの身近な大人が，子どもの携帯電話等の利用の状況を把握することが難しい。また，子どもの利用している掲示板などを詳細に確認することが困難なため，「ネット上のいじめ」の実態の把握が難しい。

このような「ネット上のいじめ」についても，他のいじめと同様に決して許されるものではなく，学校においても，「ネット上のいじめ」の特徴を理解した上で，「ネット上のいじめ」の早期発見・早期対応に向けた取組を行っていく必要があります。

いかないと、隠すなと言ったところで正確な報告は出てこない。学校を悪者にして学校たたきをしても、いじめは減らない。

（7）　ネットでのいじめ

最近の子どもたちは、インターネットや携帯電話を用いるため、それらを媒体としたいじめが多発している。平成二十年には、文部科学省より「ネット上のいじめ」に関する対応マニュアル・事例集（学校・教員向け）が配布されている（表6－2参照）。

以下にその具体的な数値を示す（表6－3参照）。

表 6-3　ネットや携帯電話等によるいじめ件数

「パソコンや携帯電話等で、誹謗・中傷や嫌なことをされる」
小学校：466 件（0.8%）
中学校：2,691 件（5.2%）
高等学校：1,699 件（13.8%）
特別支援学校：27 件（7.0%）
合計：4,883 件（3.9%）
（カッコ内は、いじめの認知件数全体に対する割合）

（出所）　文部科学省「平成 18 年度　生徒指導上の諸問題に関する調査」。

おそらくこれらネットや携帯電話を媒介としたいじめは今後も増加するであろう。

また内容も、昔はチェーンメールのようなメール版不幸の手紙が主であったが、現代はブログやｍｉｘｉなどのソーシャルネットワーキングサービス、ＴＷＩＴＴＥＲなどに見られるように、ネット上で書き込みが可能なものが多数存在し、そこに誹謗中傷を書き込む行動は日常茶飯事になっている。この場合、ブログ自体は特定できても、書き込んだ人は特定できない（犯罪になれば警察が介入するので特定可能である）。すなわち、いじめは特定できても、加害者はわからないのである。

ネットやメールは対象が無機質なもの（ＰＣや携帯電話など）のため、相手との直接的なかかわりがない分、直接顔を合わせて喧嘩やいじめをするよりもひどいことを書くことが可能になる。

（８）いじめの構造

図６-１にいじめの構造を提示する。被害者と加害者は個人の場合もあれば集団の場合もある。このように、いじめは被害者と加害者の

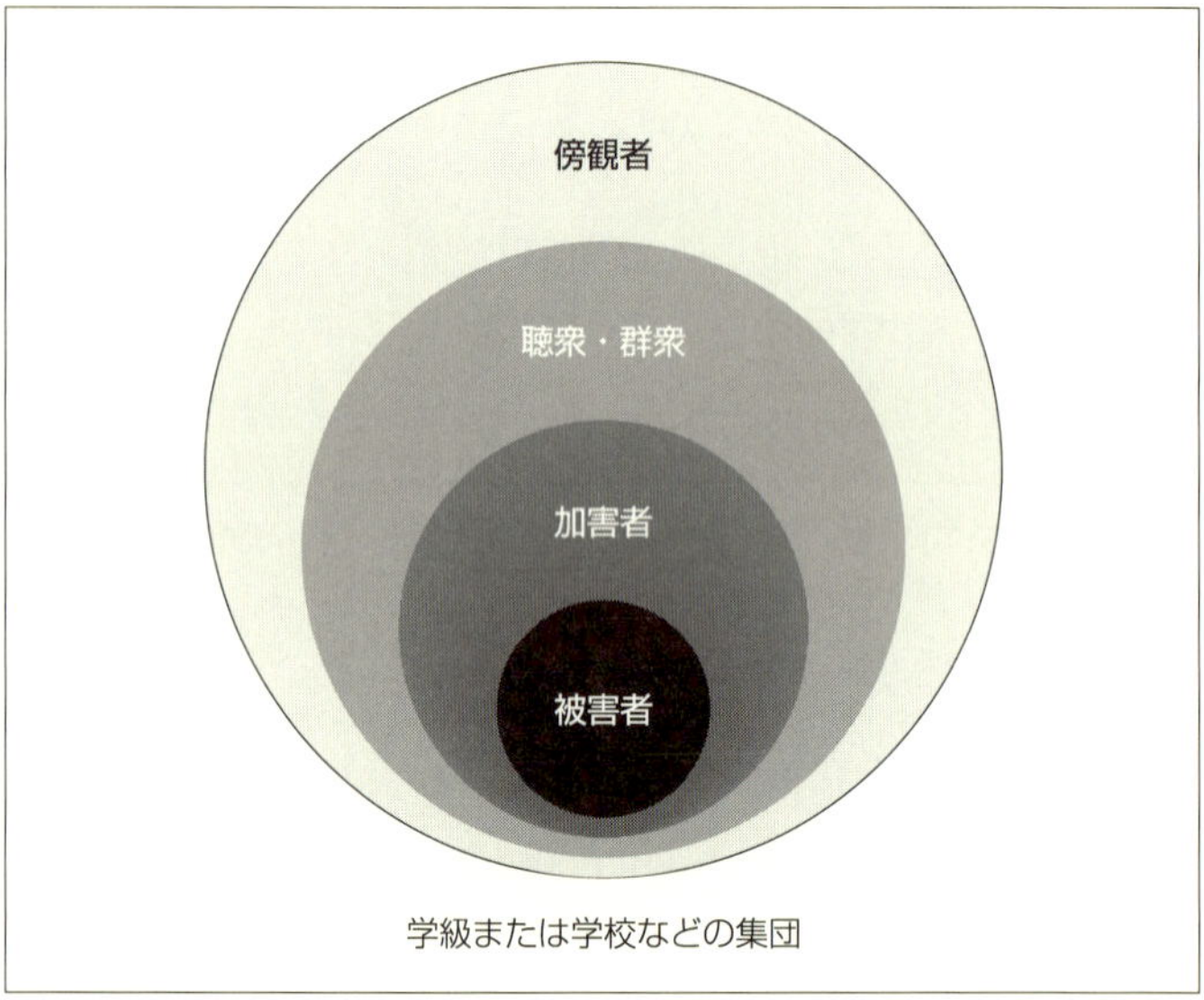

図 6-1　いじめの構造

関係だけで起きるのではなく、囃《はや》し立てたり（聴衆・群衆）、黙認したりする周囲（傍観者）もいじめの行為に加わっていると考える。実際に手を下していなくても、止めていないということで、いじめに加担している。学級への指導の際には、この図を示し、傍観者であっても、いじめの一員であることを教えると子どもの認識を変化させることができる場合が多い。

いじめは早期発見が大切であるので、教師は注意深く子どもたちの様子を観察していなければならない。いじめる子といじめられる子だけに対処するだけでなく、図にあるように、その周囲も暗黙のうちにいじめという現象にかかわっているので、全体を見て対処していくことが大切である。

聴衆・群衆の中には、囃し立てることに

より、自分自身の欲求を発散して「すっきり」している子どもや、自分は加害者ではないので安心している子どもなどがいる。傍観者の中には、「自分がターゲットになるのが怖い」と思っている子どもや、「かかわらない方が良い」と思っている子ども、「被害者にもいじめられる理由がある」などと思っている子どもなどがいる。

いじめが発生する原因はさまざまである。ターゲットが次々と変わる場合も多く、いじめたくなくても、いじめに加わらないと次はわが身だという恐れからいじめに参加している子どもも少なくない。そのような場合は、子どもたちにいくら仲良くするようにとか（これはいかなる場合もあまり有効でない）、協力するよう働きかけても無駄である。いじめの卑劣さ、それによる傷つき、そして子ども自身の自立を教えていくことが重要になる。

(9) いじめの構造の例外として発達障害の場合

ただ、被害者である子どもに、発達障害のような明らかな側面がある場合などは、もっと積極的な介入が必要である。またＡＤＨＤの子どもとアスペルガーの子どものかかわりがよくいじめと間違われることがある。多動傾向のある子どもは次々と興味のある対象が変わり、ついつい他人にかかわってしまうが、アスペルガーの子どもはむしろ自閉傾向があるために、かかわられることを嫌がっているという現象である。

これらは、いじめではなく、その子どもたちの発達障害ゆえに起きる現象なので、座席を離すなどの具体的な配慮が必要となる。多動の子どもに「いじめている」「いじめちゃ駄目だ」などと指導するのではなく、教員が発達障害についての知識を持ち、教室内における可能な工夫を行なうことの方が、子どもの自己肯定感や自己評価を低めることなく学級運営ができるようになる。

(10) いじめの特徴のまとめ

それでは、現代におけるいじめの特徴をまとめておこう。

①いじめと特定できることは少ない。
②原因はわからないことが多い。いじめが特定されても加害者がわからない場合が多い。
③教師不在の場で起こる→休み時間、登下校時、放課後など。
④ターゲットが変わるために、本人がいじめたくなくても、いじめに加わらないと次はわが身だという恐れからいじめに参加している子どもも少なくない。よって、指導としては、いじめの卑劣さ、それによる傷つき、そしていじめにＮＯと言える子どもを育てることが重要になる。
⑤被害者は自分の存在そのものを揺るがされるような傷つきを負う。他者から無視（存在を無視される、いないがごとくに扱われるなど）されたり、暴言を吐かれたり、所持品を盗まれたりすることにより、自己肯定感・自己評価が非常に低くなってしまう。

これらを考え合わせると、すべてのいじめを発見することは難しく、すべてのいじめを解決することも難しいと言えそうだ。だからこそ、いじめが起きない素地作り、安定した学級経営が必要なのである。

(11) 人の気持ちのわかる子どもはいじめないか

道徳の時間や小学校に入学すると、私たちは「相手の立場に立って行動しよう」「人の気持ちのわかる人間になろう」などと教育される。いじめにおいても、いじめられた人の気持ちを考えようと指導する。では、人の気持ちがわかるようになるといじめはなくなるのだろうか。

もちろん、ロールプレイなどを通して、被害者の気持ちを理解することは有効である。しかし、人の気持ちがわかるようになったからといって、いじめがなくなることはない。むしろ、人の気持ちのわかる子どもこそ、本当に辛辣《しんらつ》ないじめをすることがある。人の気持ちがわかるからこそ、その子にとって本当に嫌なことがわかり、それをしてくることがあるのである。たとえば、無視という行為は、大多数の人間にとって「存在を無視される」という非常に辛い体験となる。ところが、一人でいることが平気な子どももおり、その子にとって無視はそんなに辛くない。むしろ読んでいる本を取り上げられたり、夢中になっているものを邪魔されたりする方が嫌な体験となる。そのようなことを無意識に見極められる子どももいるのである。

(12) どういう子どもが被害者になりやすいか

被害者になりやすい子どもを一般化することにはあまり意味がないように思うが、一般的な傾向をまとめておく。

①人に自分を認めてほしい、友達がほしいと思っている。
②コミュニケーションスキルが未発達。
③自己評価、自己肯定感の比較的低い子ども。
④自己評価、自己肯定感が高く、目立つ子ども。

など。

発達障害の子どもたちの場合は、人の気持ちを察するという機能が欠如しているので、例外である。この子どもたちには、具体的に人が言われて傷つく言葉を教えるなどのソーシャルトレーニングが必要となる。

(13) どういう子どもが加害者になりやすいか

加害者になりやすい子どもについても一般化することにはあまり意味がないと考えることは同様であるが、とりあえず一般的な傾向をまとめておく。

①人間関係の不安定さを持ち合わせた子ども。
②コミュニケーションスキルが未発達。
③同質を好み、異質を認めにくい。
④ストレスを発散する方法が未習得。
⑤共感性の欠如（相手の気持ちを感じるという力が未熟）。
⑥協力することを知らない。
⑦自己評価、自己肯定感が低い。

などである。

(14) いじめへの対応法・指導

いじめは卑劣な行動である、ということを指導し、実際に手を加えていなくても、聴衆や傍観者も立派な加害者であることを子どもたちに伝えて指導する。学級の力動（ダイナミクス）をいじめはカッコ悪いという方向に転じることができると、いじめはぐっと減少してくる。たとえば、若い人たちに人気のあるタレントが麻薬防止などのコマーシャルに起用されるが、これは若い人たちがタレントの主張する考えを受け入れやすいので、宣伝効果が大きいからである。文部大臣のような偉い人が

「いじめてはいけません」などと言うよりも、アイドルグループのメンバーが「いじめはやめよう！」と言う方が子どもたちには説得力がある。よって、校長先生や親が権威的に「いじめてはいけない」というよりも、子どもの中の代表委員などのリーダー的な子どもたちが「いじめをやめよう」と言うことの方が子どもたちのこころを動かすことがある。

時には目安箱などを利用して、匿名で相談などをできるようにしておくと、誰それがいじめられているなどという紙を入れてくるなどの形で利用する子どももいる。加害者自身が罪悪感に耐えきれず、いじめてしまったと書いてくる場合もある。

また、被害者のこころのケアは当然成されるが、いじめは加害者こそ長期的なフォローが必要である。加害者の子どもたちに「学校がつまらない」「学校が楽しくない」「勉強がわからない」などという学校不適応感が高いことが東京都教職員研修センターの調査で明らかになっている。行動の背景のこころを読み取るという視点を学んでいる皆さんはとくに、なぜいじめたのだろう、と加害者の背景を考えてほしい。ほとんどの場合、加害者の子どもはいじめることによりむしゃくしゃした気分を発散したりするのである。そのむしゃくしゃした気分がどこから来るかというと、

①自分が前にいじめられていた。
②自分もいじめるよう脅されていじめていた。
③被害者への嫉妬や妬み。

④親が支配的であるなどの家庭環境に問題がある。

などの要因を抱えている場合が多い。

2　いじめの事例

（1）【事例】子ども集団に溶け込めない一人っ子のJくん

Jくんは小学校一年生である。小学校に入学し、二か月ほどすると、母親に「ママ、みんながぼくをいじめるんだ。トイレで押したり、ボールをとられたりするんだよ」と訴えるようになった。心配した母親は担任に、Jくんがいじめられているという相談をした。ところが担任の方には思い当たることがない。Jくんがいじめられているような場面は見たことがないし、まだ一年生の子どもたちには「いじめ」というような現象は起きていないように思えた。しかし、Jくんがそう言っているのだからと担任は観察をした。いつもは入ったことがなかったが、休み時間にトイレの中に入ってみると、入学当時は守っていた順番を守らなくなっており、要領の良い子どもが先に用を足していた。Jくんはもたもたしているために、どんどん順番を追い越され、最後にやっと用を足せていた。その際、ぶつかられて、せっかく進んだ順番がまた一番後になったりもしていた。

また、休み時間の校庭で、数人の男の子たちがサッカーをしていたが、中にはサッカーのうまい子どももおり、ボールを回していくために、Jくんのところにはボールがほとんど回ってきていなかった。

Jくんは一人っ子であり、初孫でもあった。百貨店が「シックスポケット（子どもには両親、祖父母の六つの財布があるという意味）」などと名付けていたが、現代には大人の中に子ども一人だけという環境で育つ子どもが多数存在する。兄弟姉妹の争い（いわゆるチャンネル争いなど）や近所の子どもたちと公園で遊ぶことなどが現代はなくなってきている。大人に囲まれ、なんでもしてもらって育っている子どもが初めて子ども集団に入ると、一般的な子ども同士のかかわりを、非常に怖く感じることがある。この事例は現代を現わすような例である。

（2）【事例】いじめていることがわからない子どもたち

B子は中二で仲良し四人組の一人である。中二になってから同じクラスになり、何をするのも四人一緒であった。ところが、どうもB子が暗い表情をするようになったことに担任が気づいた。さらに四人で一緒にいることはいるが、B子は前のように一緒に笑ったりしていないことにも気がついた。担任はB子を呼んで話を聴いてみた。

「なんだか最近元気がないように見えるけれど」と担任が聴くと、B子は「そうでもないよ」と答えた。担任はさらに「仲良しグループだけど、何かあった？」と聴いてみた。そのときはB子は何もないと答えたので、話は終わった。ところが一週間ほどしてB子が泣きながら担任のところにやってきた。

「みんなで私のことを笑う」とB子は泣いてる。B子の話は以下のようであった。数週間前からなんだかおかしいと思っていたが、B子が笑うたびに、仲良しの三人がくすくす笑うことに気がついた。そのうちに目を見合わせたり、目配せしたりしてB子のことを笑うので、とうとうB子はC子に「どうして笑うの？」と聴いてみたという。ところがC子は笑ってないよと笑いながら答えた。さらにその後はB子がほかの子たちといるときにも、三人は指を指して笑ったりしているという。B子としては仲良しだったのに理由も教えてくれず耐えられなくなり、担任のところに来たとのことだった。

担任はB子の了承を得て、三人（C子、D子、E子）を呼び出した（ちくったと言ってさらにいじめられることがあるので、加害者を呼び出す際は慎重になる必要がある）。三人に「B子のことを笑っていると聞いたけど？」と問うと、「だって、B子の笑い方おかしいんだよ」と大笑いしていた。B子の笑い方を真似しては、三人で盛り上がって大笑いを続けた。担任が、B子がどう感じているか、と尋ねても、「しらなーい」と真剣に捉えない。B子が悩んで泣いていることに気がついているかと尋ねても、「泣くことないじゃん、ほんとなんだから」というばかりである。しかしそのうちに、C子が「でもB子に聞かれた時、笑ってないって言っちゃったんだよね」と言い始めた。ほかの二人（D子、E子）は「別にいいじゃん」と言っていたが、C子はだんだん、仲良しなのに笑ってしまったことや、「笑ってる？」と自分に聞いてくれたのに嘘を言ってしまったことはひどいことをしたのではないか、と言い始めた。C子は「私、B子に謝る」と言った。するとあとの二人は「え？　なんで？」

と驚き、「おかしいから笑ったのに何が悪いの？」と最後まで自分たちの行動が人を傷つけたことがぴんと来ない様子だった。

結局C子はB子に謝り、B子はC子が真実を話してくれたことをとても喜び、仲直りした。しかしD子、E子は相変わらずB子が笑うたびに真似をしたり、大声で笑ったりして行動がエスカレートしていった。B子とC子だけではなく、周囲のクラスメートもD子、E子の行動に不快感を持つようになった。

担任はD子、E子と継続して話し合いを持とうとしたが、二人はクラスからも浮き始め、卑屈になっていくように思えた。そこでこれまでのD子、E子の学校生活の適応や家族についての情報を整理してみた。D子は勉強熱心な両親がおり、最近成績が落ちてきたことを強く叱られていた。E子の家庭は離婚して母子家庭のため、母親が夜遅くまで働いているようだった。

B子はC子をはじめとして、クラスメートにも支えられ、毎日元気に登校して、暗い表情も消失した。ところが、D子、E子はどんどんクラスから浮いてしまい、表情が暗くなっていった。

さて、この事例を読んで、皆さんはどのような印象を持たれたであろうか。

B子のように健康な子どもたちは、多少いじめなどにあっても、周囲がきちんと対応したり、友達に支えられると、そのいじめを乗り越え、もともとの健康な発達のラインに戻っていくものである。

むしろ最近は、D子、E子のように、いじめという行為をいじめと感じない子どもたちが増加しており、予後が悪い。いじめと感じない子どもに「いじめ」を教えることは難しい。ましてやいじめをやめさせたり、いじめられた子どもの気持ちを思いやるようにするなど非常に難しいことである。さらに、先に述べたように、加害者にも何かの理由があるはずである。D子、E子のように、両親との関係などがうまくいっていなくてそのはけ口としてB子を笑っているような場合もあれば、さまざまな理由があるだろう。被害者はもちろんのこと、やはり加害者の方を継続的にフォローしていく必要があるのだ。

(3)【事例】いじめを自作自演したFくん

Fくんは小学校四年生の男の子だ。最近Fくんの上履きや筆箱がゴミ箱に捨てられていたり、ノートにバカとか死ねと書き込まれたりすることが続いている。Fくんが担任に相談したことで発覚した。担任は道徳の時間にこの事件を取り上げ、もし捨てたり書いたりしている人がこのクラスの中にいるのならばぜひ教えてほしいし、何か知っていることがあったら教えてほしいと伝えた。しかし名乗り出た児童も現場を見たことがある児童もいなかった。担任と学年の教員複数で休み時間も交替で教室にいるようにしたが、その目を盗むようにいじめが起きた。とうとう教員たちの間では、これだけ見張っているのに起きるというのはFくんが自分でやっているのではないか、と考えるようになっていった。

そこで担任がFくんと毎日帰る前に十分くらい会話をするようにしてみた。最初は当たり障りのないことを話していたが、半月ほどする頃には、Fくんは担任とおしゃべりすることを楽しみにするようになった。そしてある日Fくんは、「うちの親は何でも買ってくれるんだ。欲しいものはなんでも買ってくれる。でも勉強しろしか言わなくて頭にくるよ。だから買ってくれたものを捨てたし、ノートも使えないように書き込んじゃったんだ」と告白してくれた。つまりノートに書かれた「バカ、死ね」という言葉は、Fくんからご両親への精一杯の反抗だったのだ。

このように小学生くらいだと自作自演もかなりあることを覚えておきたい。これは騙すとか皆を困らせようなどという複雑な意図はなく、なんとなくやっちゃったというような無意識の行動のことが多い。単純に皆に心配してもらいたいとか注目されたいということで自作自演することもある。時には、自作自演したことすらすっかり忘れてしまって、「いじめられてないよ」などと心配する周囲を怪訝そうに見る子どももいる。同様に作り話をする子どもたちも多数存在する。これらの行動は、もうおわかりいただいていると思うが、叱っても意味がない。なぜ自作自演したのかを理解していくことが必要である。

【課　題】

- 自分の担任する学級内にいじめを発見したら、どのように対応するか？
- いじめを減少させるためには、どのような指導が有効か？
- いじめが卑劣だということを、もし自分が担任ならば、どのように子どもたちに指導するか？

3　不登校は登校再開することが解決なのか

（1）不登校とは

それではまず不登校の定義を見てみよう。少し前までは登校拒否と呼ぶこともあったが、不登校の子どもたちは、登校を拒否しているとは限らない。中には明確な理由で登校を拒否している子どもたちもいるが、大多数は学校に行こうと思っても、行けないから不登校になってしまうのであり、登校拒否という用語は適切でないとされた（**表6－4**参照）。

学校内の問題として不登校もあるが、ある日突然不登校になることは少ない。不登校になる前に登校しぶりの段階が見られることが多く、その登校しぶりに至るまでにまたなにがしかの段階があることが多い。その段階における一つの要因は**1**で述べたいじめである。いじめられた末、登校しぶりになり、不登校に移行することは非常に多く見られる。すなわち、ＳＯＳを発している段階（いじめなどの原因が起きている段階）、身体症状を呈する段階（登校しぶりが見られ始める段階）を通り不登校となる。いずれにしても、不登校になり、その状態が固定化してしまわない段階で、周囲が気づき、対応したいものである。

そして、重要なことは、不登校の子どもたちは学校に行かないことに、罪悪感を感じていることが多いことである。学校に行けない自分を駄目な人間だと思ったりしていることもある。本人が一番学

表 6-4　文部科学省による不登校の定義

「不登校児童生徒」を何らかの心理的，情緒的，身体的あるいは社会的要因・背景により，登校しないあるいはしたくともできない状況にあるため年間 30 日以上欠席した者のうち，病気や経済的な理由による者を除いたもの

校に行かなくてはいけないと思っているのである。よって、その子どもに向かって「学校に行かなきゃ駄目だ！」と叱ることは追いつめるだけで無意味である。

また、第**1**章でも述べたように、登校しようとすると腹痛を起こす子どもが多い。ところが大半の子どもたちは登校時間が過ぎるとけろっと元気になり、ゲームをしたり食事をしたりするために、近くでみている母親は「仮病ではないか？」と思ってしまうものである。では、これらの腹痛は（他の身体症状も同様である）仮病なのだろうか。

結論から申し上げると、仮病ではない。実際に腹痛は起きているので、痛みを感じているのである。これは大人の方でも、人前での発表などの前にお腹が痛くなることや、電車が苦手でドアが閉まるとドキドキしてお腹が痛くなってくる方もおられるであろう。この腹痛は、癌などの腫瘍ができるというような器質的な病気ではなく、機能的な障害の症状が起きている。緊張などのストレスがかかったときに、消化活動に障害が起き、腹痛となるというメカニズムである。よって、非常に強い痛みを伴うこともある。

ただ、疾病利得という言葉があり、無意識であるがこれらの症状を出すことにより、子どもたちになにがしかの利益がある、すなわち、腹痛が出ると学校に行かなくてすむ、などということが心理学的には考えられていることは申し添えておく。

（2）不登校の特徴

まず不登校の原因には何があるかを考えてみよう。

①学校生活にまつわること。
②家庭環境にまつわること。
③本人にまつわること。
④原因が不明な場合。

大きく分類すると上記の四つであるが、不登校の原因は明確でないことが多い。これらが絡み合っている場合も多く見られる。とはいえ、この視点で観察し、情報を集め、理解していくことが必要である。それぞれの原因による不登校については第**1**章の事例を参照すること。

次に、不登校児の行動特性を提示する。

①心身の不調を訴える。
②学校、登校に関して過敏になる。

③家族や学校関係の人との接触を避ける。
④明確な理由なく欠席する。

これらも複数の行動をとることが多い。①は先に述べた身体症状である。②は学校の話になると自室にこもったり、登下校の時間に過敏になり絶対に外出しないなどの状態を指す。③は先生や友達が訪ねてきても、会いたがらない場合や、家族とさえも食事を共にしたりすることを避けるようになったりすることを指す。不登校の対応について、マニュアルのように家庭訪問をすると書いてあるが、学校関係者と会いたがらない子どもに、無理矢理押しかけていくことは意味がない。また、家族との接触は唯一の他者との接触であるので、「学校に行きなさい！」などと叱り続けて関係が悪くなり話もしなくなるよりは、家族が唯一の味方（居場所）となることの方が、子どもたちを支えることになる。④は、なんとなく行かない、というのがこのタイプである。このタイプの子どもたちは、登校しないことに対して罪悪感を感じていないことが多い。

最近は、逆に明確な理由をもって不登校となる場合も時に見られる。たとえば都心の小学校では二月初めの私立中学の入試の時期になると、半数以上の児童が欠席する場合がある。その入試に備えて、年末くらいからまったく登校しない児童もいる。

不登校の種類には大きく分類して以下に分けられる。

①学校生活が原因型。
②非行型。
③無気力型。
④情緒的な混乱型。
⑤複合型。
⑥学校の意義を認めず行かないと言う意志のある型。
⑦ネグレクト型

これは先に述べた不登校の原因と重なってくるところもあるが、①はいじめなどの学校生活の中における ことが原因で不登校になるタイプを指す。よって、教員が積極的に介入して、原因を除去するようにする。②は学校内外の仲間との集団活動が生活の主となり非行少年となったりするタイプである。③これは将来ひきこもりに発展する可能性もあるが、明確な原因があるというよりは、無気力のために学校に登校できないということが多いタイプである。④はもっとも多くの不登校の子どもがここに当てはまる。なんだかわからないが行きたくない、とかなんだかわからないが学校に行こうと思うと不安になったりお腹が痛くなってしまうというタイプである。⑤はそれらの混合型。⑥は先程の例のように受験勉強や、親と教員が揉めた末登校させないということもあるし、いじめなどを学校が解決できないとあきらめ、もうあの学校には行かないと決める子どもたちもいるなどさまざまな理由が含まれる。⑦は、虐待のため、学校に行かせないというタイプである。まったく登校していない子どももいるし、あざなどの外傷が目立つ期間は休ませているなどさまざまな状態がある。

(3) 不登校の子どもたちへの対応

学校に行きたいのに行けない、または学校に行きたくないなどの不登校の子どもたちには、一般的には

- 家庭訪問をする。
- プリントや手紙などを先生や友達が届ける。

などの方法が教科書には書かれている。たしかに、学校に来ない子どもたちとコンタクトを取り続けることは大切であり、学級の一員であることを常に伝えることはその子どもの存在を保証することになるのでとても良いことである。また、最近はメールを使う子どもが増えているため、一晩中ネットにはまっているという悪影響の一方でインターネットが唯一の社会とのつながりとなっていることがある。担任ともメールならやりとりに応じる子どももいるので、コミュニケーションの有効な手段となることがある。

しかし、それらの対応法は、何を目指して行なっているのだろうか。不登校の子どもたちは、学校

に戻ってきてくれればいいのだろうか。学校に戻ることが目標なのだろうか。

戻ってくれれば解決したと考えるのは間違っている。戻ってきた学級への適応への配慮をすべきであるが、これは何が不登校の原因であったのかを理解していないと配慮ができないのである。不登校というのは、学校に行かないことで周囲に何かを伝えてきていると考えるのがこの本の主旨である。それぞれの子どもたちが、一体何に悩み、何を伝えようとしているのかを慎重に検討し、子どもたちへの理解を深めることが、的確な支援につながる。不登校という現象が、その子どもの一生のうちの一地点で起きたのであり、その一地点だけを見ても何も見えないし、その一地点はその後の長い人生につながっていくということを忘れてはいけない。

一方見落とされがちなのは、不登校の子どもたちの学習である。やはり自宅にいると昼夜逆転したり、自分で勉強するだけでは、どうしても学習が遅れてしまう。いざ再登校し始めたのに、勉強が遅れていることに気がつき、別の傷を受けてまた不登校になってしまったのでは本末転倒である。よって、不登校の子どもたちの学習支援は重要な事柄として考え、担任および保護者が連携して、あまりにも長期の不登校の場合には、家庭教師やフリースクールなどの利用も考えるべきである。

また現実的対応として、教員が悩むことになるのは、運動会や学芸会で不登校の子どもを順番に入れるかどうかということなどの局面である。二人組でフォークダンスを踊るなどという場合には、いつもその子どもの場所を空けておいたのでは、相手の子どもが困る。かといって、不登校の子どもの場所を確保しなければ、まるで存在を無視しているようになってしまう。これらの場合には、なるべく複数で行なう競技や出し物を用意し、一人欠けたことが影響しないようにすると解決できる。
不登校の事例については第**1**章で提示してあるのでそちらを参照してほしい。

【課　題】

・不登校の子どもたちに「学校に行かなきゃ駄目だ！」と叱ることはどのような弊害があるかを述べなさい。

4　学級が崩壊していく

（1）学級崩壊とはどのような状態か

学級崩壊や授業不成立という言葉がよく聞かれるようになったのは、平成五年頃からである。文部科学省の定義を探すと、平成十一年二月に「学級経営研究会」（国立教育研究所内外の研究者や学校現場の関係者等で構成）に研究委嘱をし、その結果をまとめたものをPDFで掲載している。以下にそれを引用する（**表6－5**参照）。

この表からも明らかなように、学級崩壊の原因としては、

表 6-5　文部科学省による学級崩壊の定義

○「学級がうまく機能しない状況」について ① 「学級がうまく機能しない状況」とは,「子どもたちが教室内で勝手な行動をして教師の指導に従わず，授業が成立しないなど，集団教育という学校の機能が成立しない学級の状態が一定期間継続し，学級担任による通常の手法では問題解決ができない状態に立ち至っている場合」を指しています。 ② 「学級がうまく機能しない状況」の要因としては，学級担任の指導力不足の問題や学校の対応の問題，子どもの生活や人間関係の変化及び家庭・地域社会の教育力の低下等が考えられます。 ③ また，これらは，ある一つの「原因」によって「結果」が生まれるかのような単純な対応関係ではなく，複合的な要因が積み重なって起こります。問題解決のための特効薬はなく，複合している諸要因に一つ一つ丁寧に対処していかなければならないものと考えています。

ⓐ担任の指導力不足。
ⓑ学校のその事態への取り組み方。
ⓒ子どもたちの関係。
ⓓ家庭や地域社会の教育力の低下。

などが考えられる。

ⓐの場合は、学校が授業評価を行ない、明らかに担任が指導力不足のため、つまらない授業を行なっていたり、学級をまとめる力がなかったりすると判断された場合は、模擬授業なども含めて学校が一丸となってその担任に教育をすべきである。学習指導というよりも、子どもとのかかわりにおいて、自信なさげであったり、どこか投げやりであったり、腰の引けた教員は、子どもたちに馬鹿にされやすい。

ところが、最近は特別支援学級がない学校、または、発達障害の子どもや、診断はされていないが発達障害のような行動をする子どもたちが通常学級にいる場合に、担任一人に任せっぱなしにしている学校を見かける。ＡＤＨＤ（注意欠陥多動性障害）の子どもたちは、歩き回ったり落ち着きがないことが特徴である。授業をしにくい状況が生じることは容易に予測可能である。このような事態まで学級崩壊で担任の指導力不足だとしてしまったのでは、教員が気の毒である。この場合は、個人の力で解決するよりも、学校全体でどのように取り組むか方針を立てるべきである。学級崩壊が起きてからも、担任を非難し、一人で解決させるよりも、学校全体で取り組むことの方が効果がある。その際、父母との連携も非常に大切である。これがⓑの説明にもなる。ⓒに示すように、教員の側だけでなく、子どもたちの側にも原因がある場合がある。ⓓは、学校のある地域性がかなり影響を与えることもある。経済的な状況、非行に走る子どもの多い状況などの地域は学校を取り囲む地域自体が落ち着きを欠き安定していないことが多い。家庭についても、それまでの親の子どもへのしつけがどのようだったか、学習についてどのような意識を持っているか、学級はどのような家庭で学級が構成されているかということに影響を受ける。やはり子どもへの教育への関心が高く、協力的な家庭や地域にある学校は学級経営もしやすい。

（2）学級崩壊への対応

最初は一、二名の子どもの逸脱した行動から始まるが、学級が不安定になってくると、それまで落ち着いていた子どもたちまでが、不穏な行動を取るようになる。集団は暴徒化するので、個人で対応するよりも、対応する側も集団である方が望ましい。すなわち、担任一人で抱え込むのではなく、学年、学校全体で事態に取り組むことが大切である。

学級崩壊について保護者会を行なうならば、説明などを担任一人に任せることも避けるべきである。担任も追いつめられているし、教員組織で担任を支え、学校としての方針を保護者に伝えるべきである。また、通常のように母親だけが参加できるような時間帯に行なうのではなく、父親も参加できるような夜や土日に設定し、複数の意見を取り入れることも事態を展開させることがある。

あまり良い例ではないが、若い新任の女性教員が学級崩壊に陥った場合、母親たちの非難は非常に厳しい。これは若くて新任で女性であるという三重苦を背負っているからである。わが子を思うあまりに過熱した母親集団が感情的に教員を吊るし上げる場面を見たことがあるが、これをしても何も生まれない。この例のような場合に、父親も保護者会に参加させると、目に余る母親たちの暴言に少しは役に立つことを言ってくれる父親がいるものである。または、母親もよその夫を意識して髪振り乱して教員をののしることはできにくくなるものである。もちろん、父親集団と母親集団が逆の立場でも同様である。

また、あまりにも事態が悪く、とても教員だけでは子どもたちを統括することができない場合は、地域の人びとに、協力を依頼することもある。

学級崩壊のパターンには反抗型（約八割）となれ合い型（約二割）があると言われている。

反抗型は、教員に対して反抗することから学級が崩壊するというパターンである。中・高生の場合は、このパターンが主流である。学級が荒れてくると、教員は納めようとますます権威的になってしまうことが多い。しかし反抗型の場合には、教員が上に立てば立つほど事態はこじれていく。

なれ合い型は、教員と子どもは仲が良いことが多い。むしろ教員が強く指導権を握ってしまうために子どもたち同士の結びつきが育たないというパターンである。このパターンはむしろ小学生に起きる場合が多い。たとえば休み時間になると教員が「鬼ごっこしよう」、「チャイムがなったから、手を洗って教室に戻ろう」などと声がけしていると、教員がいない時間に子どもたちは何をすれば良いのかわからないということがある。なれ合い型の場合は、子どもたちの自主性・自立性を育てることを念頭に担任は学級経営に取り組むべきである。

5 予防はできるのか

ここまでに、代表的な学校内の問題を述べ、さらに早期発見早期解決が大切であることも述べてきた。とはいえ、これらの事態がなるべく生じないように予防としてできることがあるだろうか。もっとも大切な点のみを最後にまとめておく。

- 子どもたちの発してくるＳＯＳサインを見逃さない。
- 教員同士が連携をして、学校として予防活動に取り組む。
- 道徳などの時間を使い、子どもたちの「問題が起きたときに対処する力」を育てる。

・安定した学級作りをし、小さな変化が起きても見逃さないようにする。
・見て見ぬフリをしたり、注意をしないなどの責任感のない、弱い教員にならない。

〔参　考〕
http://www.mext.go.jp/
http://www.mext.go.jp/b_menu/hakusho/html/hpab200701/002/002/003.htm

＊本章の**1**は、平成二十五年のいじめ防止対策推進法の制定に応じて、初版第3刷で一部内容を改めた。

第7章　教育相談とは何をするのか

教育相談には大きく分類して三種類がある。学業相談・進路相談・適応相談である。どの分類の相談であったとしても、教育相談の中心にいるのは子どもである。さらに、その子どもの自己肯定感、自己評価を高めるような方向で結論が導かれるようにすることが目的である。

また、教育相談でこじれた事例としてあがってくるものは、そのほとんどが双方の気持ちがこじれてしまった事例である。本人、親、教員、学校などは立場が違うので、意見も異なるのは当然である。そこで一つの結論を出していくのだから、なかなか簡単に進むはずがない。感情的にこじれる可能性が高いからこそ、感情は脇に置き、中心にいる子どものために、何をどうしたら良いのかを考え、周囲が協力して連携することが解決への鍵となる。そのためには、単なる型通りの対応（よく教科書に載っているマニュアル的な対応）をしていたのでは駄目である。第**1**章で述べた他者理解が必要であり、理解なく対応は選択できない。相談者の真の意図がわからず、ただ闇雲に対応しても、的外れな対応をする可能性が高くなるのである。

一方教育相談の前段階として、早期発見をしたり、予防をしていくことも非常に重要である。そのためには、第**2**章、第**3**章で述べたように、子どもや大人のサインに早期に気づき、早期に対応していくことが必須となる。

教育相談全般での視点をまとめると

①子どもの自己肯定感、自己評価を高めるような方向の結論が導かれるように、周囲が連携、協力していく。
②感情的にならない。
③早期発見、予防を心がけ、日頃から問題を起こさないような基盤作りをする。
④相談当初の訴えは「入場切符」のようなところがある。話しやすいことから話してきているだけで、本当に相談したいことは、別にあることが多い。
⑤教育相談は犯人探しや誰かを悪者にすることには意味がない。そんな個人的な水準のことではなく、もっと大きなシステムを動かしていかないと、解決に結びつかない。
⑥教育相談に正解はない。一人ひとりが違うので、言ってしまえばケースバイケースとなる。
⑦無駄な労力は使わない。そのためには、相談の意図を掴むことが必要であり、言葉の通りだけで

はなく相手を理解すると、適切な対応が可能となる。

それではそれぞれを見ていこう。

1　学業相談に含まれること

（1）さまざまな学業相談

学業相談とは、学習にまつわる相談全般を指す。中学、高校などの成績と照らし合わせて志望校を決定していくような相談は、進路相談の範疇《はんちゅう》に入ってくる。

とくに小学校における学業相談の大半は保護者からの相談である。子どもは自ら「ぼく計算が苦手で困っているんだ」とか「わたし漢字が覚えられなくて悩んでるの」などとは相談してこない。大半が成績が思わしくない、学習が遅れているなどの相談を保護者が持ちかけてくる。ところが、学業相談は純粋に学業相談の場合は少なく、それをきっかけに、他の何かを相談したい場合も多くある。学業不振の原因があるということである。たとえば、いじめられていて学校に行きたくないので勉強もしないなどである。その場合、当然であるが、学業指導しただけでは何も解決しない。または、教員への不信感があり相談してきている場合、いかなる学業指導をしたとしても、大元に不信感がある場合、指導そのものに不信感を抱くため、うまくいかないことが多い。まずは信頼関係の構築を先に行なうべきである。

逆に先生とよく話すようになると、時折、教員ということを忘れて親しくなり、相談相手のようになってしまう場合もある。するとなぜか保護者自身のことを語り始めることもあるが、すでに述べたように中心にいるのは子どもであり、保護者からの子どもにまつわる相談を受けるのが原則である。すなわち親自身の相談にはのらないことが大切となる。「子育てを任されていて、夫とうまくいってない」とか、「妻は几帳面すぎて、子どもに悪影響を与えている」などということは傾聴はするが、「ご夫婦でよく話し合われてください」で終わりにする。これが非常に大切なポイントであり、教員は保護者自身ではなく子どもとのみかかわるという境界線を示すことになる。稀に不倫関係に陥る事例を見ることもあるが、その場合は教員資格を手放してもよいという覚悟が必要である。

純粋に学業の相談の場合は、子どもの苦手が何かをつかむことが大切となる。わり算が苦手だとしても、その前のかけ算、たし算、ひき算でつまずいていたり、発達障害などの場合には、記号の識別自体（「＋」と「÷」が同じ記号に見えていたり、「－」と「＝」が混同していたりすることがある）が難しいこともある。これらのことは子どもの横について、ノートの様子や解き方を観察すればすぐにわかる。かけ算でつまずいていたら、かけ算から復習しなければ、いくらわり算を指導してもできるようにはならない。一生懸命わり算を教えても、できるようにならなければ、教員も子どももともに疲れと苛立ちばかりがつのることになり、徒労に終わる。

また、学業相談であっても、暗に教員の教え方が悪いと非難している場合も多く見られる。その場合は、謙虚に自分の授業が子どもたちにとってわかりやすいか、面白い惹きつける授業かなどを省みることが必要だ。何人もの保護者から吊るし上げられたりした場合は、学校に授業評価をお願いすれば、客観的に評価してもらえるので、実は解決は簡単といえば簡単である。授業評価で問題があれば、自分の悪い点を改めるよう努力する。問題がなければ、そのように保護者に学校から説明をしてもらえばよい。

子どもたちの集中力には限界があり、集中を持続させるためには、教員が授業をいかに面白いものにできるかにかかっている。黒板に向かって一人でぶつぶつ言っていたのでは、当然子どもたちは話を聞かない。ところが学級が崩壊し始めると、教員がますます学級に向き合えないという現象が起きてくるため、一人で授業をしているという光景が見られるようになる。これでは問題が深刻化するだけである。

また、最近は発達障害への知見が深まっており、学習障害があるとわかった際には、具体的工夫をした学習指導が必要となる。

(2) 学習障害を発見したとき

(1)でも述べたが、記号の認知やある特定のものが極端にできないなどの通常の学業不振とはどこか違う子どもに気づいたら、学習障害(Learning disabilities, LD)の可能性がある。

学習障害は、「学習障害とは、基本的には全般的な知的発達に遅れはないが、聞く、話す、読む、書く、計算する又は推論する能力のうち特定のものの習得と使用に著しい困難を示す様々な状態を指すものである。学習障害は、その原因として、中枢神経系に何らかの機能障害があると推定されるが、視覚障害、聴覚障害、知的障害、情緒障害などの障害や、環境的な要因が直接の原因となるものではない。」と定義されている（文部科学省）。

小学校三年生くらいの少し勉強内容が難しくなってきた頃に発見されることが多い。教育学部の大学生が家庭教師を依頼されて教えてみると、「もしかしたら学習障害では？」と気づくこともある。

この場合は、個別に指導する必要がある。担任で限界がある場合には、家庭と連携して、家庭教師などで補うことも視野に入れる。

具体的指導としては、たとえば、漢字を覚えられない場合には、拡大コピーをし、筆順を色分けしたお手本を作る。ＰＣタブレットなどを使用するのも良い。文章の読みがなかなかできない場合は、紙をあてて一行ずつずらしていく読み方をするなどをする。計算はできるが文章題ができない場合は、具体物を使用し、段階的に指導する。などスモールステップのアプローチが一般的であるが、個別性もあるし、学習障害の参考文献を読むことをお勧めする。

2　進路相談には、どんな相談があるのか

これも読んで字のごとく進路にまつわる相談である。進路及び進学、就職などの相談である。とは

いえ、最終学年だけに行なうのではなく、在学中に渡り、継続的に行なわれるものである。自らの進路を自らで選択できるように援助していくことが目的となる。となると、中高生にしか発生しないだろうか。小学校においては進路相談となることにはどんなことがあるだろう。

小学校の場合は、本人と進路相談することはあまりなく、むしろ保護者の相談が主となる。たとえば、私立小学校の受験をさせるか、特別支援学級に入った方がよいかなどという、小学校入学前の相談がある。義務教育の間は、住んでいる地域の学校に疑問なく入学・転入させることが一般的であるが、最近は学校選択制などをとる地域も多くなってきている。子どもの特徴にあった学校を選択することが可能な時代になってきている。

また日本によくあることは、親の転勤に伴う転校である。これも、その子どもに合う小学校を考える必要がある。または、海外子女や帰国子女の場合、言語的な問題も考え合わせ、転入する学校を考慮する必要がある。とはいえ、転校してきたからといって、親の転勤と思い込むことは危険である。前の学校でいじめにあい、転校してくる場合、親が離婚して転校してくる場合、親を亡くして転校してくる場合などがあるので、なぜ転校するのかという、転校の理由を把握しておくことが転校先を決定するポイントになり、さらに転校後の支援に役立つ。

進路相談の際も、やはりその子どものことをよく理解していないと相談、助言をすることができない。就職につながるようなアイデンティティ（identity 自分らしさ）の確立を目標としながら、中学時代には自我理想を形成し（夢のようなものでよい）、高校時代にはより現実的な方向性を決定していく援助をする。子どもの得意分野、興味関心のある事項を知ったうえで相談にのることが大切である。そこには本人が気づいていないような事項があるので、教員が率先して得意なこと、関心のあることを見つけることが大切となる。進路相談には現実的な選択や決定が伴う。そのための判断材料として、学校案内、パンフレット、資料、ネットなどの情報提供または、情報ソースの提供も教員の仕事となる。

冒頭に書いた自己開示が唯一有用となるのはこの進路相談でもある。「先生はどうして先生になったの？」などという質問を教員にしてくるということは、教員を自分の人生のモデル（同一化対象）にしているからである。この場合は、自分の体験を話すことが子どもの相談への答えとなる。また、心理的なテーマとしては、進路の選択は、親との意見の対立が明確になりやすく、発達課題で学んだように、分離・自立の葛藤が生じやすい。教員はどちらかに加担することなく、本人が自分で選択できる力をつけさせることが進路相談の役割である。

3　適応相談とは何だろう

（1）適応相談とは

適応相談には、さまざまな相談が含まれるが、主として、子どもが学校生活に適応していくための援助を指す。いわゆる教育相談と言われる事例はほとんどが適応相談である。一回で終わる相談は少なく、数回または継続して相談を行なう場合が多い。または、スクールカウンセラーや専門家による対応が必要となる場合もある。

子どもたちからの相談の場合には、改めて相談を持ちかけられなくとも、教員が日常生活を共にしていれば、子どもたちは何気なく話しかけてくることも多くあるだろうし、それらも立派な適応相談といえる。また、保護者からは個人面談の時や、保護者会のあとに声をかけられて相談されることもよく見られる。

適応相談には、いじめなどの学校内の問題が含まれるため、その部分については第**6**章「学校で今起こっている問題」を再度読んでいただくと、適応相談について学ぶことができる。さらに、家庭内の問題、本人の問題の相談もある。相談への対応の方法は、第**1**章に述べてある。まずは「傾聴」に基づき、相手の話をよく聴き、相手がそれをもって何を伝えたいのかをよく理解することが対応法となる。理解しなければ適切な助言はできない。

（2） 教育相談的かかわり（共感的理解）をすると生徒指導はできないのか

〔例1〕 適応相談を受けている自傷行為や自殺企図のある子どもが、別の子どもをいじめている加害者だったら、どのように皆さんは対応されるだろうか。

加害者は加害者なのだから、いじめてはいけないと指導するだろうか。しかし、指導したことで追いつめられて自傷行為や自殺企図をしないか心配になるだろう。では指導しないか。それも納得がいかないであろう。ではどうしたらよいのだろうか。

〔例2〕 自分の担任する学級の高校生の男の子たちが集団でタバコを吸っているところに偶然遭遇してしまった。大勢いると、教員一人ではひるむものだが、毅然と「タバコは吸ってはいけない」と厳しく注意し、その後呼び出しを行ない再度注意した（この例は教員の生徒指導の効果がある場合とする。注意しても喫煙をやめないどころか、教員が暴行を受ける場合もある）。しかし、第**1**章、第**2**章で学んだように、タバコを吸うという行動の背景にはこころがあるはずで、ただ注意しただけでは、背景のこころを知る由もなければ、理解もしていない。そう考えるとこの対応でよかったのか。とはいえ、タバコは法律で禁止されているのだから、注意するのは教員の義務である。しかし一方的に指導するだけでいいのだろうか。

カウンセリングマインドや教育相談ということを学ぶと、生徒指導と対極にあるように思え、〔例1〕〔例2〕に示したように教員や親は時折迷ったり混乱したりすることがある。そこで、第**4**章で述べたように、教育の両輪、すなわち、教員の父性と母性という部分を思い出してほしい。私たちの中にある父性（CP）と母性（NP）である。生徒指導は主として父性を発揮させる。教育相談は主として母性を発揮させる。これは片方だけを使うのではなく、一人の人間の中でバランスよく両方を使うことが必要である。指導するときには、きちんと叱る。しかし一方的に叱りっぱなしではなく、相手の言い分にも耳を傾け、理解しようとする。これはなにも教員に限らず、親子関係、人間関係全般に言えることである。この二側面を持ち合わせることが教育相談的かかわりを持った生徒指導となる。

一人の教員で難しければ、複数の教員で指導担当、相談担当というように役割分担すればよい。これが連携である。もちろん家庭ならば、父親、母親で役割分担することが可能である。

〔例1〕ならば、いじめの加害者となっていることについてまずはよく事情を聴く。「いじめていると聞いたんだけど、何か知っていたら話してくれる?」などとアプローチし、さらに「どんな理由があってもいじめることは良くないと思う。でも○さんの話を聴いていると、いじめたいというよりも、自分のむしゃくしゃした気持ちを発散しているみたい」などと話から得た情報から理解できたことを伝えていくような方法が一つのアプローチ方法である。教員が指導にまわり、スクールカウンセラーが教育相談的かかわりでフォローするという役割分担も効果的であろう。

〔例2〕については、「未成年者がタバコを吸うのは法律で禁止されている。それを知っているのに、なぜ吸ったのか?」と聴くだけでも、ただ生徒指導を一方的にするのとはまったく違うアプローチとなる。

再三述べてきたように、教育相談というのは、子どもの成長への支援の一つである。子どもを責め立てたところで、成長を手助けするとは思えない。

子どもの成長を導く大人には、自分の言動に責任を持ち、毅然とした態度で、いけないことはいけないと教え、子どもの言い分にも耳を傾ける度量、どっしりとした安定感が求められる。

(3)【事例】面接場面で叱らざるをえなかったG子

クライエントG子は高校二年生の女の子だった。父親が事故で突然死亡し、母親が情緒不安定になり、精神科で治療を受けている最中であった。G子は非行集団と交わるようになり、母親をなじったり、帰宅が遅くなったりする一方で不安発作（漠然とした不安が生じると、動悸が激しくなったり、過呼吸になったりする）を起こしていた。心配した母親が心理療法を受けるよう勧めたので、母親の主治医を介して、開業の心理療法オフィス（保険が適用されない自費の心理療法を行なうオフィス）への紹介と至った。

しかし、母親をなじっている高校生が、母親に勧められたこころの相談に来る訳がない。来たとしても、うまく行く可能性は低いものだ。そんなことを考えながら、G子を待っていた。やはり母親から連絡が入り、本人が拒否したとキャンセルだった。次の予約を伝え、次回からは母親がかかわらずにキャンセルにしても本人に連絡させてほしいと伝えてもらうことにした。予約の時間にG子は現われた。「こんなところ来る気ないから」と憮然と黙ったままだった。「そう思うのに、今日は来てくれたんだね。どうしてお母さんはあなたがここに来るといいと思ったの?」と聞くと、「知るかよ。自分が通ってりゃあいいじゃない」と言ったきり、また黙ってしまった。「来るか来ないかはあなたと私で話して決めよう。お母さんとは関係ないあなたと私の間の約束だから」と伝えた。なるべく母親の影響に線を引き、G子のこころのうちを語れるようにしたかったからだ。「もう来ないよ」とにべもなくG子は言い、時間がまだ残っていたが（自費の心理療法の場合、一般的にはワンセッション四十五分から五十分）帰ろうとした。「来る必要がないのか、まだあなたの話からは私は判断できないな。

次回来て、来る必要がないことを説明してほしい」というと、くるっと振り向いたがむすっとしたまま料金を支払い帰っていった。

次回どうなるかなと思っていると、五十分の面接時間のうち四十九分遅刻して現われた。「今日会うという約束を守ってくれたんだね」と言うと、「別に」「お母さんがおかしいだけで、私はおかしくないから、ここには来ない」と言った。「それを伝えに来てくれたことはうれしいよ」と伝えたと同時くらいに、G子はいきなり私にめがけてお金を投げつけてきた。「払えばいいんだろ?」と挑戦的な目をしていた。

一瞬何が起きたのかわからなかったが、「落ちたお金を拾いなさい」と伝えた。「来るか来ないかはあなたが決めればいいと話した。それを今日言いに来てくれたのは自分に責任を持っているからだと思う。しかし、今の態度はなんだ? このお金は誰が稼いだのだ? 私にはお金さえ払えばいいと思っているのか?」と尋ねた。G子は黙ったままだったが、非常に緊迫した空気が張り詰めた。G子はおそらくもうここには来ないと思ったので、その場合はなるべく肝心なことのみを伝えて、G子のこころに石を投げ入れておくことが必要であり、その石はいつの日かまた再来室する可能性につながる。「私は残り一分のところで、ここに来てくれたことがとても大切で意味があると思っている。つまり、四十九は来たくないのだろうが、一は来てもいいと思っているあなたのこころの現われなのだと思う。どこか困っているのだろうと思う。それはこころのつながりを求めているのであり、お金のつながりではない。そして、自分で稼いだお金ならまだしも、このお金を稼ぐのに、お母さんがどんなに苦労して働いて稼いだのか想像してみなさい。お母さんに失礼だ。拾いなさい」と伝えた。G子はお金を拾い私に手渡したが、「ここには絶対に来たくない」と言い残して帰っていった。結局この背景には、母親の父親への強い罪悪感が関係しており、それを薄々感じているG子が症状を出していたのだが、G子の心理療法としては失敗に終わってしまった。母親の心理療法は継続したため、母親自身がこころの安定を取り戻すことで、G子も安定を取り戻すことを願うしかなかった。

わかりやすくするために、こころと現実的なことを扱った局面を提示した。

(4) 適応相談における親とのかかわり方

適応相談は、学校内の問題を始めとして、複雑な背景を持つ相談が多いために、継続的な相談となるケースが多い。そうなると、親と教員の継続した関係が成立し、信頼関係も深まると同時にトラブル発生率も高まる。

第**3**章に書いたように、少しの工夫でトラブルは避けられる。また、第**4**章に書いたように、AとAの交流に持ち込むことで情緒的摩擦が収まる。もしもモンスターと出会ってしまったとしても、モンスターをモンスター成らしめないことができるのである。

最低限の配慮も必要となる。父母との話し合い、情報交換、連携という協力体制をうまく機能させるためには基本的配慮が必要である。子どもを守るのが親の本能であるから、いきなり、こんなに困っていると子どもの欠点を並べ立てたのでは、うまくいく訳がない。「うちの子のことをわかりもしないで悪いところばかり言うなんてとんでもない教師だ」と親は感じる。必ず子どもの長所を挙げ、教員がその子どもをよく見て理解していることを伝えた上で、「こんなことが起きている。お家ではどうですか？」という事実を伝える。これがテクニックのようであるが、最低の礼儀である。

モンスターペアレントという言葉が作り出されてからは、理不尽な要求をする親に対する共通認識ができた一方で、まっとうなことを言ってる親をモンスターだとして片付けようとする弱い教員が増えていることもたしかな事実である。

親の話を聞いてみると、たしかに自分が気がついていないことを指摘してきている場合がある。その場合は、自分が教員として劣っているなどと考えるのではなく、親だからこそ気づいてくれたので、その情報を共有し、子どものために協力して（連携して）いくことができれば非常に良い結果を導くことができる。親と競争するなどという視点はまったく必要ない。そのパターンに陥る教員は、劣等感が根底にあるからである。

第**3**章でも少し触れた例、数年前のモンスターペアレントというドラマの中にも使われていたが、「遠足の写真の枚数が、Aちゃんは六枚もあるのに、うちの子は二枚しかない。えこひいきしている」というよくある訴えで考えてみよう。親からこのように迫られたら、読者の皆さんはどのように感じるだろうか。枚数という客観的事実があるので、否定はできない。ではどう対応するか。

「それは偶然ですよ。差別なんかしていません」

「たまたまです。言われるまで気づきもしませんでした」

このいずれの回答も、良いようで墓穴を掘っている。

「偶然ですって？　何の考えもなく掲示されたんですか？　子どもが見てどう感じるか考えていなかったんですか？」

「たまたま？　言われるまで気づかないなどとはなんと無責任なのだ！」

とさらに攻撃されてしまう。

この親はモンスターと言えばモンスターである。遠足の写真の枚数でごねられたのでは、楽しかった遠足も嫌な思い出になってしまう。ドラマでは、夕方遅くまで職員室か何かに居座って学校に謝罪し続けさせた場面が放送されていたが、こうなってしまっては正真正銘のモンスターである。単に自分の気持ちの発散が目的である。自分が優遇され、一番が好きで、夫や子どもを自分のアクセサリーにして着飾るモンスターだ。「うちの主人は○○会社の取締役ですよ。圧力かけますよ」「うちは代々この学校の卒業生ですから、先生より学校に詳しいんです」とか「うちの子どもはAちゃんよりずっと美人でかわいいのに、なんで写真が少ないのでしょう」などと人の権力を笠に着て、権威に頼って相手を脅すのがパターンである。モンスターが相手では教員一人では消耗しすぎてしまうので、すぐに周囲の教員と連携することだ。

しかし全員がモンスターペアレントとは限らないとはすでに論じた。同じ訴えであっても、まっとうな親もいる。写真の枚数の違いに教員が気がついていなかったのならば、無意識にAちゃんをひいきしていたのかもしれない。写真に限らず、他のかかわりでも、公平な対応ができているのかを見直すことが必要となる。

（5）親への回答と予防策

この訴えにみえる親の心理を考えると、そこにあるのは、自分の子どもが先生からかわいがれていないのではないか、という心配である。学校内の出来事を親は直接見ることができない。学校生活が楽しいのかどうか、垣間見えるのが写真である。見えないからこそ、親は必死に写真を見て、わが子が楽しい学校生活を送っているのかを確認しようと思う。これは親ごころである。

では何を回答したらよいかを考えてみよう。「日常生活において、子どもたちには公平に接するようにしていますので、ご安心ください。ただ、枚数に差があったことについてはご指摘の通りで、配慮が足りなかったと思っております。ご指摘ありがとうございました」と事実を伝える。差別しようとして枚数を変えた訳ではないのだから、それはきちんと伝える。枚数の違いの事実もあるのだから、枚数については言い訳をしない。謝罪するかどうかは、専門家の中でも意見が分かれるところであるが、本当に自分が悪いと感じた時以外は、私は基本的には謝罪はしない方針である。

この訴えは、予防可能であり、予防する対策がたくさんある。

①写真を誰が撮影するか。
②グループや学級ごとの集合写真を撮影しているかどうか。
③掲示する前に枚数のチェックをしたかどうか。

あたりである。①については、担任が撮影するから差別やひいきという話題になるのであり、雇いのカメラマン、または子どもたちと直接関係のない職員の方が撮影するだけで、しがらみが消える。②については写真に写っていない子どもをなくすための配慮である。皆さんも経験があると思うが、子どもたちはさまざまな個性を持っており、カメラを向けると、大きな笑顔を向けてくれてどの写真にも写っている子どももいれば、カメラを向けると後ろを向いてしまう子どももいる。枚数は撮影者の要因だけではなく、子ども側の要因も関係しているのである。③については、最近はデジカメもあり、失敗した写真は削除できる時代である。さらに検討可能な時間がある「掲示」という行為なので、よく事前にチェックをして公平な掲示を心がける。これは写真を見た子どもたちへの配慮でもある。

補足ではあるが、父母に携帯電話番号を教えている教員の相談を受けることが増えているが、これはこじれた時により悪い事態をよぶ。すなわち、携帯は時と場所を選ばない手段だからである。予算があるならば、学校専用の携帯電話を用意し、遠足や林間学校など緊急連絡が必要な場合は、それを利用する方がトラブルを避けることができる。
まとめると、親の相談も、基本は子どもと同じで、親の心理を理解し、まずは傾聴する。そして、親自身の問題に踏み込まないと境界線をきっちりと引くことである。

（6）親から見た学校との適応相談

親もさまざまな親がいると同様、教員もさまざまである。少し視点を変えて、親から見た学校との相談を考えてみよう。この本で論じているのは、あくまでも普通で健康な人を対象としていることを再度お断りしておく。

一般的に親が教員に相談を持ちかける時は、子どものことが心配な時である。学習、集団生活、友達関係、先生との関係などについて不安心配があるときにコンタクトをとってくる。その際、ほとんどの親は緊張するものである。こんな些細なことで相談してもいいのかしら、うちの子が悪いと言われないかしら、わかってもらえるかしら、といった不安がこころをよぎるが、勇気を出して子どものために話していることがほとんどである。現実には、もちろん図々しく、わが子の非を棚上げして、一方的に主観を述べ立てる親もかなりいる。しかしそうではないまともな親もいる。そのような相談のときには、「お話いただきありがとうございました」と受け止めることがとても大切である。親も先生に相談してよかったと感じるような相談ならば、親と教員の信頼関係が深まったわけで、これは子どもに良い影響を与える。親の取り越し苦労の相談の場合もあるが、それならば、話をして安心してもらえばいいだけだ。そこをいちいち「心配性な親だ」「いちいちうるさいな」と親批判をしていると、親は安心するどころか、教員に不信感を募らせ、関係がぎくしゃくしてきて、子どもに悪影響を与える。

（7）【事例】繰り返しいじめを受けていた女児の母親

繰り返し小学校でいじめを受けていた女児の母親の話を挙げる。教科書、体操着、給食着などありとあらゆるものがなくなり、無視、仲間はずれも日常的になされ、「うざい」「死ね」「汚い」と顔を合わせる度に言われるという日々が続いていた。学校に何回足を運んでも何の具体的対応もなく、母親は、女児を時々早退・欠席させるしかわが子を守る方法がなくなっていた。

早退させるので母親が迎えに行ったときに、目の前で女児の体操着がなくなった。ざっと探したがなかったので、いったん先生に任せて門まできたが、「どうしても納得できない」と思い、女児を保健室に預け、教室に戻り、先生と一緒に体操着を探した。数名の先生方は、「この親はなんだ?」というモンスターペアレントを見る目で母親を見ていたが、母親は頑張って泣きそうになりながらも必死で体操着を探し続けていた。結局見つからなかったので帰宅すると、担任から電話があり、体操着が見つかったという。ところが見つかった場所は、先程先生と母親がくまなく探した男の子の椅子の上だと言う。母親は「そこには先程はなかったはずだ」と先生を問いつめると、電話が切れた。その後また電話があり、娘が加害者として名を挙げていた女の子がやったとわかったという内容であった。しかし、先生は加害者の女の子に口頭で注意をしたらしいが、何も対応はなく、その後もその女の子の女児へのいじめは続いた。

(8) 事例からの二つの教訓

この女児が、私が「はじめに」に記した女の子なのである。

この例からは二つのことをお伝えしたい。

一つは、これだけのことをするのに、この母親にはどんなにか勇気がいったかということである。読者の方も、もし学校に苦情を述べるとしたらどんなにか緊張と不安が伴い、たいへんなことだと思う。なぜこの母親が学校に積極的に介入できたかというと、子どもを守るというほかに、母親の知人の助言があったからだ。学校事情やスクールカウンセリングに詳しい知人に詳細に相談したところ、「学校の対応はおかしい。子どもを守れるのはお母さんだけだから、お母さん頑張って」と言われた。この助言に支えられ、上記の行動をとることができた。ただ感情的に学校を非難したり、子どもや自分の非を棚上げしたりすることはモンスターであるが、事実に基づき、きちんとした対応を求めることは決しておかしいことではない。この例では明らかに加害者および学校の対応がおかしい。

もう一つは、学校に期待をしないことである。これだけ毎日学校に足を運び、女児が苦痛に感じていることを伝え続けても、何も対応はなかった。担任は見て見ぬフリをし、学校は知らないフリをした。

ただ、この例のときは何もしない担任に失望した女児の母親が、ＰＴＡ役員をしていた同級生の母親に電話をし、事情を話し、協力を依頼したところ、その同級生は数名の友達と一緒に、教室で女児に声をかけてくれたりしたようである。協力してくれそうな人を見つけ出し、協力を頼むことは非常に大切である。教員も複数いる。向き合っている教員に期待できないときは、相談する教員を変える方が早い。そして、それよりも、わが子の一番の協力者、援助者として親が機能することが必須となる。人生の役に立つから義務教育があるのであり、役に立たないならば、行く必要はない。発達課題のハードルは頑張って飛び越えることが必要だが、飛び越える必要のないハードルがいじめだ。現代はフリースクールやＮＰＯなどが不登校の子どもたちのためにさまざまな機関を持っている。それらを利用するのも一つである。

　子どもにとっては自分の存在、自分の居場所があることが死を思いとどまってくれる最後の鍵となる。わが子を守れるのは親だけだ。もし、今そのような状況におられる方が読者にいらしたら、ぜひ子どもを守ってほしい。

4　事件性・犯罪性のある問題の教育相談について

（1）　事件性・犯罪性のある問題の教育相談

いじめは早期発見・早期解決が必須であると述べてきた。もしいじめを発見したならば、その場で加害者からも話を聴き、積極的に介入すべきである。ところが、事件性、犯罪性のある問題の場合には、被害者のケアは積極的に行なうが、ピックアップして一部の子どもに話を聴くことは非常に大きな問題を生じさせることがある。ここで言う学校内における事件性・犯罪性のある問題というのは、警察が介入する殺人事件や犯人が特定されている事件などではなく、警察を必ず呼ばなければならないとは言えないくらいの問題、たとえば、お財布が盗まれたとか、部費が盗まれたとかの窃盗、脱いだスカートや洋服が切られたなどの事件、飼育動物が殺されたなどの事件などを指す。

これらの問題の場合には、全員面接を施行すること、面接時には子ども側にも大人を付き添わせること（複数の教員で一人の子どもを詰問するなどもってのほかである）などを指導している都道府県もある。以下の事例でピックアップ面接がなぜいけないのか、を提示する。

（2）【事例】学校によるピックアップ面接で傷つけられたI子

I子は小学校六年生の女の子である。体育の時間に風邪気味だったので見学をした。教室で自習していたるように担任に言われたので、指示通り教室で自習していた。みんなが帰ってくると、「きゃーっ」と叫び声が聞こえ、教室中が騒然となった。H子の洋服がズタズタに切り裂かれていたのである。当然クラスの子どもたちは見学していたI子が犯人ではないか、と疑いの目を持って見た。ところがI子にしてみれば、とんでもない濡れ衣である。「私やってないよ」とI子が必死に言うと、クラスの子どもたちも「そうだよね、やる訳ないよね」といったんおさまり、先生を呼びに走っていった。

教員も非常に驚き、I子を呼んで、見学している最中に何か気づいたことはないか、見たことはないかを尋ねた。不審者かもしれないので、学校全体でこの事件を共有するべく、学年主任の先生が再度I子を会議室に呼んで質問をした。＊

＊このように全員面接ではなく、特定の人を呼ぶ面接をピックアップ面接という。

翌日もI子は校長先生教頭先生に呼ばれ、見たことや気づいたことがないかを質問された。校長室に呼び出されたI子を見たクラスメートたちの間には、次第に、実はI子が犯人なのではないか、という噂が広まり始めた。I子が学級に帰ってくると、四方八方でひそひそ話が始まったので、I子は、先生にも友達にも自分が疑われていると感じていた。ところが、先生たちは、不審者の特定のみに気をとられ、I子や学級の雰囲気にまったく気がついていなかった。

結局犯人はわからなかった。そして、次第にI子の遅刻や欠席が目立ち始めた。クラスメートは「やっぱりI子だったんじゃない？」とひそひそ話し続けていた。I子がたまらずに「私はやってない！」と叫んでいるところに担任が通りかかり、I子のヒステリックな叫び声に、I子が犯人なのではないかという思いを強めた。

数日休みが続いた放課後に、I子の母親から担任に電話がかかってきた。「I子は先生に自分が犯人だと疑われているので、学校に行きたくないと言っている。友達も疑っていると言っている」という内容だった。担任にしてみれば、こころの中では疑っていたが、本人にはそのことは伝えていなかったので、驚き、「私たちはI子さんを疑っておりません」と答えたが、「じゃあなぜうちの子だけ何回も先生方に呼び出されたのですか？」と言われると、「その場にいたから」としか答えられないのであった。

小学校六年の児童が、会議室や校長室に呼び出されて、複数の先生に取り囲まれて質問されたら、どのような気持ちになるだろうか、想像してみてほしい。犯人であってもなくても、緊張してしまい、こころのうちを話せるとは思えない。「私はやってません！」という教員にはヒステリックに聞こえた主張も、I子にとっては必死の叫びで、疑われたことへの怒りと不安と緊張のあまりに叫ぶしかできなかったとは考えられないか。

そもそも教育相談として、この事件を解決するならどう解決するかを考えてほしい。事件性のある場合には、保護者にも説明をする必要があるが、どう説明したらよいのだろうか。読者の皆さんも、自分が担任だったらどう説明するかを考えてから、次に読み進めてほしい。

まず、犯人探しをしている学校はすでに間違っている。この問題は、学校の管理体制が原因である。よって、保護者への説明としては、学校の管理体制が甘かったことを謝罪し、今後具体的にどのように改善するかを明示しなければならない。第一点として、体育の見学時に、児童を一人教室で自習させたことがいけない。もし、洋服でなくI子がズタズタに切られていたらどうなっていたのか。第二点。外部からの侵入が確実に防げているのかどうか。よくあるのは、小学校の正門や建物には鍵がかかっているが、校庭の脇は低い塀しかなく、誰でも乗り越えることができるという学校を見かける。これらの改善策を整えることが解決である。

（3） もし、子どもを傷つけてしまったら

さて、このあとI子はどうなったかということをお話しよう。

担任と母親が何回か話をするうちに、担任もI子が、皆に疑われていると思って非常に孤立した気持ちでいることをやっと理解した。疑っていないから安心して登校してほしいと直接伝えたいので、学校に来てほしいと母親に伝え、了承された。

ここで読者の皆さんに再度考えてほしい。どのような場面設定でI子に会ったら良いか。まさか同じシチュエーションで会議室で面接などと考える方はもはやおられないだろう。それではトラウマの再現になってしまう。この例の場合は落ち着いて話す場が会議室しかなかったので、同じ会議室を使用することとなった。しかし、複数の教員とI子の面接を再現することはなく、担任と学年主任、I子側に母親とスクールカウンセラーが座る、という設定で、五名が集まった。担任および学年主任は、「疑っていると思わせてしまったことはごめんなさい。安心して学校に来てほしい。待っている」という主旨を伝えた。これは教員としての責任を持った誠実な態度と思われ、母親は納得した。I子も小さな声で「わかりました」と答えた。一同ほっとして、廊下に出ると、突然I子が嘔吐し始めた。嘔吐という身体症状は、受け入れられないというこころの現われである。大人にとっては、解決であっても、子どものI子にとっては、およそ納得のいくものではなかったのだろう。可哀想なI子は、大人に翻弄され、翻弄した大人は勝手に納得しているが、I子はそんな簡単に納得や安心などできな

いという気持ちの現われと考えられた。廊下にうずくまり吐き続けるI子の小さな背中を見ながら、この事件の犯人はI子ではないと、その場にいた教員とスクールカウンセラーは確信した。教員の対応は、深く深くI子のこころを傷つけ、I子の学校、教員への不信感はこころの傷（トラウマ）となった。これを回復させるには、担任をはじめとした教員が継続してI子との信頼関係の回復に努めるしかない。

このように、安易にピックアップして事情を聞くことや、複数の教員が取り囲んで一人の子どもに質問を投げかけるという行為は、子どもを傷つける可能性が高い。

この事件の場合は、全員面接を行ない、何か見たことがないかを聞く、または、時間がなければアンケートでもかまわないので、知っていること見たことを記入してもらうようにするとよい。目安箱を設け、思い出したら書いてもらうという子どものこころの受け皿を用意しておくことも効果的である。I子にしても、小学校六年生が授業時間中ずっと座って自習していたかどうかもわからない。トイレに行ってみたりしている可能性もある。体育に参加していた子どもたちにしても、トイレや怪我をしたなどで、校庭を離れている可能性がある。他の学級の子も然りである。子どもだけではない。むしゃくしゃした教員がやったかもしれない。職員かもしれない。外部の業者かもしれない。などなど事実関係を限定しようとするならば、ありとあらゆる事実関係を検討しなければならない。I子にだけ事情を聞いても、すべての事実関係は見えてこない。

しかし先に述べたように、犯人探しをしても犯人は見つからない場合が多いし、あまり意味がない。

それよりは、今後起きないように対策を練ることの方が意味がある。さらには、もし子どもの中の誰かが犯人だとすれば、その子どもは重い十字架を背負っているか、または次に同じようなことをしてくる可能性もあるので、学級全体、学校全体を複数の教員で注意深く観察し続けることが必要となってくる。以上ピックアップ面接の落とし穴について解説した。

5　連携について

(1)　学校、家庭、地域との連携

教員という職業は、序章にも書いたように非常に特殊である。一人で一つの学級を受け持つという面に注目すると、連携するというよりも、一人で責任を持つイメージである。ところが、現代の教育事情は、いじめにしても不登校にしても学級崩壊にしても、とても教員一人の力だけで解決することは無理である。そこで文部科学省は、学校に対して連携をとることを答申などを始めとして提示している。

連携は、学校内、家庭、地域との連携を主として指している。子どもたちが安定した環境で安心して成長していくためには、組織的な体制作りが非常に重要であり、そのためには、学校、家庭、地域の協力が必要である。それぞれの役割が違うからこそ、連携協力することで効果が大きくなる。たとえば、学校内ならば、第**1**章で述べたように、虐待の発見が早期にできたのは、養護の先生、教員が

職員会議を通して情報共有をしており、連携していたからである。家庭との連携は、各章で述べて来たように子どもにまつわることでの情報交換、協力体制がある。地域との連携については、たとえば、通学路に子ども一一〇番のような家があること、児童館などの施設、防災防犯のために地域の人たちが巡回することなども含まれる。

給食費未納家庭があるという事態は第3章でも解説したが、現在も未納で踏み倒す家庭は存在している。地域の結びつきが密接で、ＰＴＡの役員が各家庭を回ってお金を集めた地域では集金率は一〇〇パーセントだったと聞いた。学級崩壊がひどい学校では、親が交替で、さらに、自治体の人が交替で、各教室に常に数名の大人がいるようにして改善した例もある。地域をあげて、教育体制を作ると学校自体が安定し、中にいる教員も子どもたちも安定してくるのである。

連携の中心は子どもたちである。さらに、連携は、学校、家庭、地域の信頼関係がなければ成功しない。どこかがほころびてくると、がらがらと連携は崩れ、子どもたちが被害者となる。

（2） スクールカウンセラーとの連携

スクールカウンセラーは今や公立小中にほぼ配置が完了しているため、一般社会に浸透してきている職業である。文部科学省から都道府県の臨床心理士会に依頼がきて、臨床心理士の資格を持っている人が、公立小中に派遣される。週一回四時間勤務で、休みは閉室するのが一般的である。

週一回四時間では、スクールカウンセラーが来校しても、毎週予約がいっぱいとなっている学校がほとんどである。

さらにスクールカウンセラー側から言うと、週一回ではお客様状態なのである。母校ならまだしも、知らない学校に週一回行ったとしても、校舎の構造もわからなければ、教育方針も先生方の雰囲気も、保護者、子どもたちの様子もなかなか把握できない。その場合、派遣されたらすぐに積極的に運動会、学芸会などに参加し、雰囲気をつかむことが大切である。なぜすぐかというと、相談を受け始めると、挨拶した子どもは相談しているということが周囲にわかってしまう。相談が始まってからは、子どもたちにはスクールカウンセラーはひっそりとしていた方がよい。一方教職員には、自分が誰かを知ってもらった方がよい。教職員とは、立ち話での相談も可能だからだ。

教員側から言うと、スクールカウンセラーにどういう相談をしていいのかがわからないところがある。予約制だし、本人を連れていくほどではないし……という具合だが、基本は、何でも相談したらよいということだ。たとえば、気になる子どもがいるということを教員が相談していれば、本人が自発的に来室したときに、背景がわかって面接することができる。学級の様子がこんな風だがと相談していれば、学級崩壊を防ぐこともできるかもしれない。つまり、スクールカウンセラーは、一対一の相談だけでなく、教員からの相談も受けるし、必要があれば職員会議にも参加する方が望ましい場合もある。

そして、そこで一番問題となるのは、守秘義務である。臨床心理士は守秘義務がある。カウンセリングルーム内で話されたことは、本人の了解がない場合、他人に話してはいけないのだ。とはいえ、いじめられていることが話題になっているのに、頑なに守秘義務を守っていたのでは、いつまでたってもいじめが発見されず、被害者も被害者のままである。それではせっかくスクールカウンセラーがいるのに、効果が小さくなってしまう。学校臨床においては、学校内の守秘義務ということを私は考える。本人の了解を得られることが最優先であるが、いじめられるから絶対に言わないでという子どもたちもいる。そのときに、学校内に信頼関係があれば、本人には言わないという原則で、子どもの話を学校側で共有することができる。そうすれば、複数の教員の目で観察し、いじめをその場で見つける可能性が高くなり、子どもがチクったのではなく、教員が見つけたこととして指導していくことができる。「スクールカウンセラーの先生に聞いたんだけどね」などと子どもに話してしまうような教員がいる場合は、不可能である。

(3) 【事例】 連携するには如何に信頼関係が必要であるかを思い知らされた教師たち

高校二年生のK子は顔立ちはかわいく、成績は中くらい、家庭もごく普通であったが、時折、友達とのトラブルが起きるのが特徴だった。

あるとき、L先生（五十代後半男性、学年主任）のところにK子が暗い顔でやって来た。「先生、相談したいことがあるんだけど」。L先生もK子の暗さに驚き、あわてて話を聴いた。話の内容は、M先生（二十代後半男性、担任）に、君みたいな不真面目な生徒は見たことがない、こんな成績では希望する大学はまず無理だと言われたということだった。K子は話しながら、こみ上げてくるように嗚咽をもらし、肩をふるわせて泣いていた。M先生といえば、教員になってまだ数年の新人である。K子は不真面目に見えることもあるから、きっとM先生はK子を奮起させるためかもしれないが、少しキツいことを言ってしまったのだろう、とL先生は考え、K子を慰め、また何かあれば来なさいと帰した。翌日またK子がやってきて、またM先生に言われたと同様の訴えをし、「L先生が担任だったらよかったのに」と涙をためてつぶやいた。L先生はちょっと嬉しく思ったが、顔には出さず、聴いていた。「L先生は優しくて、こうやって相談するとほっとする。でもM先生はいつも怒ってばかりで大嫌い!!」とK子は言った。そんなことが数回あった。とうとうL先生は学年主任でもあるので、職員室でM先生を呼び止め、「K子に少し強く叱りすぎじゃないか？　K子が泣いていたぞ」と注意した。M先生は一体何を言われたのかわからなかった。するとL先生は「生徒が傷ついているのに気がつきもしないのか？　教員なら自分の感情をコントロールできなきゃ駄目だな」と言った。内心、やはり若いしM先生は教員としても未熟だなと感じていた。M先生が一体何を言われたのかわからないというのは、実はM先生はK子と最近話もしていないからだった。「K子ですか？　何かあったのですか?」とL先生に尋ねたが、「君のことが大嫌いだと言っていたよ」と答えられ、他の教員は見て見ぬフリをしてよそよそしかった。M先生も学年主任のL先生にそれ以上何も言うことができなかった。L先生も周囲もM先生が教員として未熟だと判断した。

ところが一か月くらいすると、今度はN先生（五十代女性、他の学年の学年主任）がL先生に話しかけて来た。「ねえ、おかしな話があるのよ。ちょっと時間ある?」とN先生はL先生を職員室の隅に呼んだ。「K子が泣きながら、L先生に手を握られたと言ってきたのよ。私のことはお母さんみたいで先生にしか相談できないというのだけど、L先生がそんなことするとも思えないし、まずは話を聞いてみようと思って」と話してきた。驚いたのはL先生である。手を握るなどしたこともない。そんなセクハラなどとは一番遠くにいるような真面目な自分がなんでそんなことを言われなきゃならないのかと腹も立ってきた。「冗談じゃない！　K子はぼくが担任だったらいいなと言っていたよ」「あら、私にも言っていたわよ」……

これはsplit（分割）と呼ばれる対象関係上の病理をK子が持っているために引き起こされた事態である。つまり最初は、L先生は良い対象、M先生は悪い対象、次の段階ではL先生が悪い対象、N先生が良い対象になっているのである。良いか悪いかがぱっくり割れ、それまで一〇〇パーセント良かったものが急に一〇〇パーセント悪いものになってしまうのである。そもそも一〇〇パーセント良いものなどない。悪いところもあるけど良いとか、良いところもあるけど悪いというような、ほどほどの世界をK子は持っていない。さらに、L先生とM先生の関係がこじれたのはK子が原因であるにもかかわらず、K子は人ごとのように涼しい顔をしており、N先生に相談を持ちかけているのである。

ここでN先生がL先生のようにいきなり他の教員の前で「L先生、K子の手を握ったんですって！」とやったら、たちまち大騒ぎとなる。K子は涼しい顔をしたまま、職員室中が不信の渦中となる。N先生がL先生を信頼していたのでK子の病理に巻き込まれないですんだのである。

学校内に信頼関係がなければ、連携は難しいのである。

【課　題】

・教育相談を大きく分類すると三つの領域があるが、どのような相談か？
・親とのかかわりで気をつける点はなにか？
・子どもへのかかわりで気をつける点はなにか？

読者のための参考文献

渕上克義『学校組織の心理学』日本文化科学社
学校組織におけるさまざまな問題について解説してあるテキスト。特に、学校内の教員組織や学校外の組織との連携については詳しいのでその方面について学びたい方にはよくできている本である。

中島一憲『先生が壊れていく――精神科医のみた教育の危機』弘文堂
著者中島医師がその生涯をかけて取り組んだ教員のこころの健康についてわかりやすく書かれている本。教員のメンタルヘルス相談が増える中、著者もそれらを学ぶのに役立った本である

杉田峰康『交流分析』〈講座サイコセラピー8〉日本文化科学社
交流分析について書かれており、エゴグラム、ゲーム、人生脚本など交流分析の柱となる考えを学問的にわかりやすく解説してある。コミュニケーション、対人関係などに役立つ本と思われる。

芦原睦編『自分がわかる心理テスト Part 2』〈ブルーバックス〉講談社
心理テストの中でも、エゴグラムを使って、自分の長所短所、行動パターンを理解するための本。遊び感覚で読める本である。

藤森和美『学校トラウマと子どもの心のケア』誠信書房

学校場面における事故、事件への対応法などが実践的に解説されている本。教員志望、現職教員の方に役立つと思う。

米国精神医学会（APA）『DSM-Ⅳ-TR精神疾患の診断・統計マニュアル　新訂版』高橋三郎他訳、医学書院

アメリカ精神医学会による診断基準が書いてある本。精神科・心療内科では必須の教科書でもあるが、診断するために書かれた項目を読むと、疾患の症状が理解でき、全体像が見えやすくなる。

小此木啓吾『対象喪失——悲しむということ』〈中公新書〉中央公論新社

精神分析のなかでももっとも大切な概念である「対象喪失」について書かれた本。家族やペットなどを実際に失うことや、転居などに伴って前の暮らしを失うこと、自身の健康を失うことなど、失うということについて理解を深めることができる。

北山修『精神分析理論と臨床』誠信書房

精神分析を専門的に学んでみたいと思われた人に役立つ本である。精神分析のさまざまな理論が解説され、後半は臨床言語論に軸をおいたテキストで、北山修先生の臨床感覚が垣間見える。

小此木啓吾編『青年期の精神分析』岩崎学術出版

精神分析という視点から思春期青年期の子ども達を考えてみたい方にはお薦めの本。やや専門的である。

前田重治『図説 臨床精神分析学』誠信書房

精神分析のさまざまについてわかりやすく解説されている。精神分析を専門として学びたい人には必読と思う本である。本文中に出ているマーガレット・マーラーの分離個体化理論についても触れてある。

佐藤泰正編『教育心理学』学芸図書株式会社

教育心理学を学ぶテキスト。浅くではあるが、教育心理学全体の基礎的なことを学ぶことができる。教職に関する科目の教科書として使用されることが多い。

河合隼雄『子どもと宇宙』〈岩波新書〉岩波書店

子どもの世界の素晴らしさ、子どもの創造性について、ユング心理学的視点から解説が加えてある。読んでいて非常にわかりやすく、何度でも読めば読むほど理解が広がる本。

杉山登志郎『教師のための高機能広汎性発達障害・教育マニュアル』少年写真新聞社

「高機能広汎性発達障害」について、成長過程での注意点、実際の教育現場での対処法、子どもたち本人のハンディの軽減などについて、具体的に解説している本。

内山登紀夫編『発達と障害を考える本』ミネルヴァ書房

アスペルガー、ＡＤＨＤ、視覚障害、聴覚障害などのシリーズ本になっている。マンガと解説で構成されており、学級文庫としてもお勧めできる本。

坂田仰編集『いじめ防止対策推進法　全条文と解説』学事出版

平成二十五年に公布されたいじめ防止対策推進法について、わかりやすく解説してある本である。

〔機関紹介〕

公益社団法人東京都教職員互助会（http://www.sanraku.or.jp/gojokai/）

東京都の教職員専門の相談機関である。故中島一憲先生が部長をしておられた病院である。各地に教職員互助会はあるので、自分の地域の機関をインターネットで検索すると良い。

おわりに

おわりにを書こうとして何日もの日が経過した。なぜこんなにも気持ちがのらないのか、なぜこんなにもおわりにが書けないのかを考えていた。

何か書き足りないことでもあるのか、終わりたくないのか、などとも考えたがどうもピンとこない。ずっと考えていたが、おそらく、おわりにを書くということは、この本が終わるということだが、私もこの本も終わることができないのだろうという考えに至った。こうして原稿を書いているうちにも、たくさんの事件が次々と起きた。一方でタイガーマスク現象などという明るいニュースもあったが、虐待、教員の不祥事、いじめ、自殺、さらには教員の保護者に対する訴訟提起……気持ちが重くなるようなことばかりだ。事件の数が多いこともあるが、次から次へとマスコミは事件を報道し、それを見る者の興味も次から次へと移ってしまい、一つの事件についてじっくり最後まで考えることができなくなっている。ああ、そういえばそういう事件もあったな、という感じである。ところが、当事者にとっては、その事件がこころからも頭からもいっときも離れることのない時間が流れている。これでは、被害者の声は、社会に届かないままなのではないか。

そして、これは学校場面に限ってのことではない。会社でも、どこでも、さまざまな出来事が起きているし、子育てにおいても虐待のニュースを耳にする機会は多い。

しかしだからこそ、人を非難していがみあうのではなく、中心にある問題を解決するためにはどうしたら良いかを、皆で客観的かつ多視点から考え、力を合わせて連携していくことが大切に思えるのである。もちろん、解決するために考えるときには、自分の主観に振り回されていたのでは解決から遠ざかってしまうだけであり、自分を理解していることが前提となる。さらに、目の前にある一つの問題だけの解決ではなく、根本的な解決につながるように、縦横のつながりを持ち、連携していくことも大切だと考える。

本文中にも記したが、こころは一人ひとりが違い、教育相談にもこころの相談にも子育てにも正解はない。私が書いたことは、一つの意見である。この本が刺激となり、さまざまな視点から討論が行なわれることを望む。皆さんが議論し、さまざまな意見を「話す（離す）」、「言葉にする」ことに意味があると感じている。是非この本に書いた事例を、周囲の方々とディスカッションしてほしい。その際に、この本で視点として提示した「表面に現われたことだけでなく、背景をみていく方法」は皆さんの癖にしていただきたい

私も一人の母親であると本文中に記載したが、母親になってみて、私の世界はがらっと変わった。妊娠中はまだ身が一つ（胎児は私のお腹の中にいる）であったが、身が二つ三つとなっていくと、物理的にもなかなか大変である。たとえば、食事、洗濯、スケジュール管理などが自分のことだけを考

えていればいい訳ではなくなった。しかし一方で、職場を往復し、事例検討会などで仲間と勉強していたそれまでの私の世界に、子どもとの空間や公園でのひととき、あそこに連れて行きたい、これも見せたいなどという新たなこころや世界が展開していった。それはこれまでに経験したことのない世界だった。さらに、母親になったからこそ見えてきた世界、視点がある。ベビーカーをひいて歩いていると、なんと段差が多く、道がでこぼこなのだろうと気がついた。エレベーターが設置されていてもとても遠くだったり、歩きタバコをしている人のタバコはちょうど幼児期の子どもたちの顔の高さであった。また、早朝お弁当を作っていると、私の母もこうやって作ってくれていたのだなあと今までと違う種類の感謝の気持ちがわいてくる。子どもが大きくなってくると、街灯が少なく薄暗い場所が多いことが目につき、ホームに転落防止のホームドアの設置があるかないかがとても気になったり……頭で考えたり、本で読んだりするよりも、やはり自分が体験すると見えてくることも多い。つまり主観的にならずに客観的に考えることができるようになるためには、知識を増やすだけではなく、さまざまな世界を体験してみることも大切なのだと思う。

ある時には、子育てとはなんとたいへんなのだろうと、実際に体験してみて実感している。どの年代であってもその年代ごとの悩みがある。仕事をしながら、子どもたちを育てることは肉体的にも心理的にも限界を感じたり、落ち込むこともある。しかしある時は、子どもの姿を見てこころの底から感動したり、日常的なことからこころの奥底のことまで夜が更けるのも忘れて話をしたり、子どもたちの寝顔を見ているとなんともいえない溢れ出てくる愛情を感じたり、子どもの存在は私のこころを刺激してくれる。母親として、一人の人間として、私自身も子どもたちとともに成長していることを感じている。もし子どもたちがいなかったら、私自身もうつになり仕事に出かけることもできなくなっているかもしれない。子育てはたいへんではあるけれども、私にとって、子どもたちの存在は生きていくための糧、エネルギーになっているのだ。原稿を書く間、校正をしている間、子どもたちはどんな気持ちで私を見ていたのだろう。仕事をする母親を理解してくれている私の子どもたちにありがとうと伝え、おわりにとする。

サ　行

タ・ナ　行

索　　引

ア　行

カ　行

■著者略歴

原田眞理（はらだ・まり）

1988年　聖心女子大学文学部卒業。

1996年　東京大学大学院医学系研究科。博士（保健学）。

現　在　玉川大学教育学部教授（専攻／臨床心理学・精神分析）。日本臨床心理士資格認定協会臨床心理士，日本精神分析学会認定心理療法士。日本心身医学会代議員，東京臨床心理士会3.11プロジェクト委員。

著　書『教育相談の理論と方法　中学校高校編』〔監修〕（玉川大学出版部，2015年），『学級経営読本』〔共著〕（玉川大学出版部，2012年），『女子大生がカウンセリングを求めるとき』〔共著〕（ミネルヴァ書房，2002年），『カウンセラーのためのガイダンス』〔共著〕（ブレーン出版，1997年），『教育事情』〔共著〕（財団法人私立大学通信教育協会，2014年），他。

子どものこころ
――教室や子育てに役立つカウンセリングの考え方――

2011年4月28日　初版第1刷発行
2015年3月16日　初版第3刷発行

著　者　原　田　眞　理
発行者　中　西　健　夫

発行所　株式会社　ナカニシヤ出版

〒606-8161　京都市左京区一乗寺木ノ本町15
電　話（075）723-0111
ＦＡＸ（075）723-0095
http://www.nakanishiya.co.jp/

印刷・製本／創栄図書印刷
＊乱丁本・落丁本はお取り替え致します。
ISBN978-4-7795-0525-6　Printed in Japan

〈いのち〉のメッセージ
—生きる場の教育学—

若林一美

生から死に至る道程の中で、私たちはどのような時に「生きる」ことを意識するのだろうか。日々の中で出会う事柄、同時代を生きる人びとの証言と事例を通し、いのちを学ぶことの意味を考える。　二二〇〇円＋税

教育の原理とは何か
—日本の教育理念を問う—

山口意友

現代の教育で目指される「人格の完成」とは具体的に何を意味するのか。日本の伝統的な精神の見直しから教育の「お題目」に中身を与える教職入門書にして、あらゆる教育関係者に推薦する一冊。　二三〇〇円＋税

福祉と人間の考え方

徳永哲也・亀口公一・杉山崇・竹村洋介・馬嶋裕

多くの人が抱えつつある「生きにくさ」。背景にある時代と社会の特質を踏まえ、「福祉」をキーコンセプトに「こころ」の問題、家族、障害者、高齢社会、社会保障という主題に哲学的な接近を図る。　一九〇〇円＋税

完全な人間を目指さなくてもよい理由
—遺伝子操作とエンハンスメントの倫理—

マイケル・J・サンデル／林芳紀・伊吹友秀 訳

一流の政治哲学者が遺伝子操作やドーピングなど医学的手段による能力向上がはらむ問題について「贈られものとしての生」という洞察から真摯に語る、人間とテクノロジーを考える上で必読の書。　一八〇〇円＋税

＊表示は二〇一五年三月現在の価格です。